C0-BKX-859

연세대학교 대학출판문화원

연세 한국어 6-1

연세대학교 한국어학당 편

연세대학교 대학출판문화원

연세 한국어 6-1

편저자 연세대학교 한국어학당 교재편찬위원회
집필진 전나영・손성희・김제열・이계현
　　　　임지숙・전지인・조인옥・김윤경
발행 연세대학교 대학출판문화원

주소 서울시 서대문구 연세로 50
전화 2123-3380~2
팩스 2123-8673
　　　ysup@yonsei.ac.kr
　　　http://www.yonsei.ac.kr/press
등록 1955년 10월 13일 제9-60호
인쇄 동호커뮤니케이션즈
삽화 디투윅스
녹음 (주)반도음반
성우 곽윤상・윤미나・전광주・홍소영

Copyright © 2013 by Yonsei University Press.
All rights reserved.

2013년 3월 5일 1판 1쇄　　2016년 3월 31일 1판 4쇄
ISBN 978-89-97578-98-6(08710)
ISBN 978-89-97578-97-9(08710)(세트)

값 20,000원 (CD포함)

머리말

국내 최고의 명성으로 한국어 교육의 50년 전통을 이어 온 연세대학교 언어연구교육원 한국어학당에서는 한국어 교육의 질을 높이기 위해 그 동안 많은 교재를 편찬해 왔다. 최근 한국과 한국 문화에 대한 세계인들의 관심이 높아지고 한국어를 배우고자 하는 해외동포와 외국인이 늘면서 한국어 교재에 대한 학습자들의 요구도 다양해졌다. 이에 따라 연세대학교 언어연구교육원 한국어학당에서는 다양한 학습자들을 대상으로 한국어와 한국 문화를 교육할 수 있는 새로운 교재를 출간하게 되었다.

연세대학교 언어연구교육원 한국어학당에서 출간하는 이 교재는 한국어 초급 학습자를 위한 '연세 한국어 1'과 '연세 한국어 2', 중급 학습자를 위한 '연세 한국어 3'과 '연세 한국어 4', 고급 학습자를 위한 '연세 한국어 5'와 '연세 한국어 6'의 총 6권으로 되어 있다. 각 교재는 학습자들의 한국어 능력에 따라 필요한 여러 가지 유형의 의사소통 기능을 집중적으로 향상시킬 수 있도록 구성되었다.

'연세 한국어'는 한국어 학습 단계별로 요구되는 내용을 주제로 대화가 구성되었으며 어휘와 문법에 대한 집중적인 연습뿐만 아니라 말하기, 듣기, 쓰기, 읽기 능력을 균형 있게 향상시킬 수 있도록 다양한 과제와 활동으로 구성된 통합형 교재이다. 또한 학습자들이 흥미를 가질 수 있는 주제와 장면을 기초로 여러 가지 의사소통 기능을 수행하면서 학습자가 중심이 되어 한국어를 배우고 익힐 수 있도록 배려하였다.

'연세 한국어'가 연세대학교 언어연구교육원 한국어학당에서 공부하는 학생들뿐만 아니라 한국어를 정확하게 이해하고 구사하려는 모든 한국어 학습자들에게 도움이 되기를 바란다.

연세대학교 언어연구교육원
한국어학당 교재편찬위원회

일러두기

- '연세 한국어 6'은 한국어를 배우려는 외국인과 교포 성인 학습자들을 위한 고급 단계의 책으로 총 10개의 과로 이루어져 있으며, 각 과는 3개의 항으로 이루어져 있다. '연세 한국어 6'은 고급 수준의 한국어 숙달도를 지닌 학습자가 꼭 알아야 할 주제를 중심으로 구성되었으며 이와 함께 필수적인 어휘와 문법, 문화를 소개함으로써 한국어 능력을 향상시키고 아울러 한국에 대한 이해를 넓히고자 하였다.

- 각 과의 앞에는 해당 과의 제목 아래에, 각 항의 제목과 과제, 어휘, 문법, 문화를 제시하여 각 과에서 다룰 내용을 한 눈에 알아보기 쉽게 하였다. 그리고 매 과의 마지막 항은 복습 항으로 그 과에서 다룬 내용을 종합적으로 복습할 수 있도록 하였다. 문화 부분은 각 과의 주제와 관련된 내용을 선정하여 다루었다.

- 각 과의 제목은 주제를 명사형으로 제시하였으며, 각 항의 제목은 소주제를 명사형으로 제시하였다.

- 각 항은 제목, 학습 목표, 사진과 질문, 시각 자료와 질문, 본문 대화와 질문, 어휘, 문법, 과제의 순서로 구성되어 있다.

- 학습 목표에는 학습자들이 학습해야 할 의사소통적 과제와 어휘, 문법을 제시하였다.

- 사진과 질문은 1단계 도입으로 학습자를 본문 대화의 상황으로 자연스럽게 끌어들일 수 있도록 본문 대화의 상황을 쉽게 연상시킬 수 있는 사진과 함께 관련 질문을 제시하였다.

- 시각 자료와 질문은 강화된 도입 단계로 학습자가 주제에 대한 흥미와 호기심을 가질 수 있도록 그래프, 기사 제목, 사진이나 그림 등의 다양한 시각 자료와 함께 질문을 제시하였다.

- 본문 대화는 각 과의 주제와 관련된 가장 전형적이고 대표적인 대화 상황으로 설정하여 3~4개의 대화 쌍으로 구성하였으며 내용 이해 질문과 대화의 내용과 관련된 말하기 짝활동을 포함시켰다. 본문에 나오는 새 어휘는 대화 아래에 따로 제시하였다.

- 어휘는 각 과의 주제와 관련된 어휘 목록을 선정하여 그 의미나 쓰임새에 따라 범주화하여 제시하였고 담화 맥락 속에서 연습이 이루어지도록 하였으며 연습한 어휘를 학습자가 직접 사용해 볼 수 있게 하는 활동을 포함시켰다.

- 문법은 각 과에서 다루어야 할 핵심 문법 항목을 각 항마다 2개씩 추출하여 담화 맥락 속에서 2개의 문법이 유기적으로 연결되어 나타나는 모범 예시문을 통해 제시하였다. 두 개의 문법을 각각 연습한 후에는 두 문법을 연결하여 담화 차원의 생산을 할 수 있도록 하는 활동을 포함시켰다.

- 과제는 학습 목표에서 제시한 의사소통 기능에 부합되는 것으로 각 항마다 2개를 제시하였으며 주제 관련 통합 과제로 구성 하였다.

- 각 과의 마지막 부분에는 문화와 문법 설명을 제시하였다.

- 문화는 각 과의 주제와 관련된 한국 문화를 선정하여 정보나 지식을 설명하는 방식으로 기술하였다. 아울러 학습자로 하여금 자국의 문화와 비교, 분석해 보게 하는 등 비교문화적인 관점을 바탕으로 언어 학습 활동과 연계하도록 구성하여 그 내용이 문화적 지식에 그치지 않고 한국어 능력과 통합적으로 학습될 수 있도록 하였다.

- 문법 설명은 각 과에서 다루는 문법에 대한 설명과 함께 각각 4개의 예문을 제시하였다.

- 색인에서는 각 과에서 다룬 문법과 어휘를 가나다 순으로 정리하였으며 해당 본문의 과와 항을 함께 제시하였다.

차례

	제목	소제목	과제	어휘	문법	문화
01	성공적인 삶	성공한 인물	존경하는 인물 소개하기	성공	−느니	한국 화폐 속의 인물
			인터뷰하기(질문하기)		−을지라도	
		성공에 대한 가치관	성공에 대한 가치관 알아보기	가치관	−는다거나	
			인터뷰하기(대답하기)		−는 데	
02	더불어 사는 사회	지역이기주의의 극복	지역이기주의 현상에 대해서 알아보기	지역이기주의	−어 주십사 하고	한국의 기부 문화
			신문기사 요약하여 발표하기		−었던들	
		기업이윤의 사회 환원	기업의 사회봉사 활동에 대해서 의견 나누기	기업의 공헌	−으면 몰라도	
			신문기사 작성하기		−겠거니 하고	
03	남성과 여성	남성과 여성의 변화	한국의 전통 여성상과 현대 여성상 비교하기	여성	−은 채	한국의 남성과 여성의 덕목
			토론 시작하기		−으리라는	
		바람직한 성역할	바람직한 성역할에 대해서 알아보기	성역할	아무리 −기로서니	
			상대방의 주장에 대해서 동의 또는 반박하기		−은 끝에	
04	바른 선택	선거와 투표	선거와 투표에 대해서 알아보기	선거	−는다 뿐이지	한국의 정치 제도
			설득하기		−을 법하다	
		분단의 극복	남북통일에 대해서 의견 나누기	통일 정책	−는 가운데	
			토론하기(사회자의 역할)		−을 테지만	
05	스포츠	스포츠 과학	스포츠 과학의 발전 모습에 대해서 의견 나누기	스포츠 과학과 효과	−는 셈치고	한국의 무술 '택견'
			조사해서 발표하기		−으련만	
		스포츠 정신	바람직한 스포츠 정신에 대해서 의견 나누기	스포츠 정신	−는 탓에	
			조사해서 발표하기		이라도 −을라치면	

	제목	소제목	과제	어휘	문법	문화
06	가까워지는 세계	한국 속의 외국인	한국 생활의 어려움에 대해서 의견 나누기	고민과 조언	–는다는 듯이	외국인을 위한 배려
			통계자료 분석하기		–건만	
		경제의 세계화	경제적 측면의 세계화와 그 장단점에 대해서 의견 나누기	자유 무역	–는답시고	
			논박하는 글쓰기		–는 날엔	
07	소중한 문화유산	한국의 문화유산	한국의 문화유산에 대해서 알아보기	문화유산	–은 이상	한국의 문화재 보호
			논리적인 글쓰기 (서론쓰기)		–는다는 점에서	
		세계의 문화유산	세계의 문화유산에 대해서 알아보기	문화재 훼손과 보호	–는 반면	
			논리적인 글쓰기 (본론쓰기①)		으로 말미암아	
08	한국인의 생활	한국인의 집	한국의 전통주거문화에 대해서 알아보기	주거	–다 못해	한국인의 종교
			논리적인 글쓰기 (본론쓰기②)		–기에 망정이지	
		한국인의 사상	한국의 사상에 대해서 알아보기	한국의 사상과 효	–는 둥 마는 둥 하다	
			논리적인 글쓰기 (결론쓰기)		–던 차이다	
09	미래 사회	자동화 사회	자동화된 사회에 대해서 전망하기	자동화	–기 나름이다	지난 20년간 사라진 것
			정보 전달하기		–는다손 치더라도	
		미래형 인간	미래 사회에 대해서 의견 나누기	미래형 인간	–는 한이 있더라도	
			예측하기		은 고사하고	
10	진로와 취업	진로 상담	진로에 대해서 조언하기	진로	–으려고 들다	조선시대의 신분 제도
			상담하기		–노라면	
		취업 면접	면접시험에서 질문에 대답하기	면접	–은 바	
			자기 소개서 쓰기		–을 바에야	

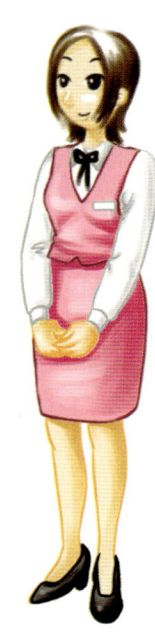

톰슨 제임스
미국 기자

요시다 리에
일본 은행원

제임스의 하숙집 친구

츠베토바 마리아
러시아 대학생

제임스의 반 친구

왕 웨이
중국 회사원(연세무역)

제임스의 반 친구

김미선
한국 대학원생

마리아의 방 친구/민철의 여자 친구

정민철
한국 여행사 직원

미선의 남자 친구

이영수
한국 대학생

제임스와 리에의 하숙집 친구

오정희
한국 회사원(연세무역)

웨이의 회사 동료

제1과 성공적인 삶

01 성공한 인물

학습 목표 ● 과제 존경하는 인물 소개하기, 인터뷰하기(질문하기)
● 문법 -느니, -을지라도 ● 어휘 성공

위의 인물들 중 가장 만나보고 싶은 사람은 누구입니까? 그리고 그 사람을 만난다면 무엇을 질문하고 싶습니까?

위의 인물 외에 여러분이 성공한 인물로 꼽고 싶은 사람은 누구입니까?

	1등	2등	3등	4등	5등
인물	이순신 장군 (20.1%)	세종대왕 (16%)	박정희 전 대통령(15.3%)	김구 선생 (7.9%)	반기문 유엔 사무총장(2.04%)
이유	거북선 발명, 강한 지도력	한글 창제, 측우기 등 다양한 과학 발명품	경제 발전	독립운동	최초의 한국인 유엔 사무총장

위 도표는 전국 성인 1,514명을 대상으로 한국 역사상 가장 존경하는 인물과 그 이유를 조사한 결과입니다.

1) 한국 사람들이 가장 존경하는 인물에는 어떤 공통점이 있습니까?

2) 여러분 나라에서 같은 조사를 한다면 누가 1, 2, 3위를 할 것 같습니까?
   그 이유는 무엇입니까?

대화

🔊 CD1:01~02

제임스 우선 축하드립니다. 한국인으로서는 최초로 국제 기구의 수장이 되셨는데요. 소감을 말씀해 주십시오.

사무총장 국민 여러분이 보내주신 한결같은 지지와 성원에 감사할 따름입니다. 개인적으로는 큰 영광이지만 한편 어깨가 무척 무겁습니다.

제임스 어린 시절의 꿈을 이루신 대표적인 인물로 젊은이들의 귀감이 되고 계십니다. 구체적으로 외교관의 꿈을 가지게 된 계기가 있으셨습니까?

사무총장 어렸을 때는 막연히 세계 여기저기를 누비며 나라를 위한 일을 하고 싶다는 생각을 했는데 고등학교 때 선생님께서 너는 외교관이 되면 참 좋겠다는 말씀을 해 주셨습니다. 제 꿈이 구체화되는 순간이었지요.

제임스 지금 이런 자리에 오르시기까지 위기나 시련도 많으셨을 텐데 어떻게 극복하셨는지 알고 싶습니다. 더불어 인생을 성공으로 이끈 좌우명이 있다면 말씀해 주십시오.

사무총장 위기나 시련으로 주저앉고 싶을 때마다 '실패가 두려워 아무 것도 못하느니 실패하더라도 한 번 해 보는 게 낫다'는 생각으로 새로운 도전을 시도했습니다. 그러다 보니 위기와 시련이 어느새 기회로 바뀌어 있더군요. 그러니까 아마도 이것이 제 인생의 좌우명인 듯싶습니다.

제임스 마지막으로 최근 세계적인 화두가 되고 있는 인권문제에 대해서 어떻게 생각하시는지 듣고 싶습니다.

사무총장 인간은 인간이기 때문에 가지는 권리가 분명히 있으며 이것은 이유를 막론하고 침해될 수 없다고 믿습니다. 따라서 이것을 지키는 것이야말로 어떤 어려움이 따를지라도 제가 노력해야 할 부분이라고 생각합니다.

제임스 좋은 말씀 감사합니다.

수장　소감　한결같다　지지　성원　귀감　막연히　누비다
구체화되다　시련　주저앉다　좌우명　화두　막론하다　침해되다

01 '사무총장'에 대한 설명으로 맞는 것을 모두 고르십시오.

❶ 위기나 시련은 겪은 일이 없다.　　　❷ 고등학교 선생님을 한 일이 있다.

❸ 최근에 국제기구의 수장이 되었다.　　❹ 인권을 지키기 위하여 노력할 것이다.

02 '사무총장'의 좌우명은 무엇입니까? 그리고 그것의 의미는 무엇입니까?

03 여러분의 좌우명은 무엇입니까?

좌우명	의미
내일은 없다	오늘, 바로 지금을 소중히 하고 최선을 다하자

[보기] 제 인생의 좌우명은 '내일은 없다'예요. 제가 생각하기에 우리가 생각하는 내일은 또 하나의 오늘일 뿐이에요. 그래서 저는 항상 오늘, 바로 지금이 가장 소중하다고 생각해요. 오늘 최선을 다해야 하고 오늘 행복해야 하는 거죠.

어휘 성공 •

01 다음 표현을 익히고 질문에 답하십시오.

(가)	(나)
성공	승승장구
기회	칠전팔기
도전	고진감래
시련	전화위복
위기	자수성가
좌절	
재기	

1) 다음은 한 무명의 배우가 유명한 영화감독이 되기까지의 이야기입니다. (가)에서 알맞은 표현을 찾아 쓰십시오.

[보기]   **기회**   : 유명 감독의 눈에 띄다.

❶ _____ : 출연한 영화가 크게 인기를 끌다.

❷ _____ : 영화 촬영 중 화재로 온몸에 화상을 입다.

❸ _____ : 자살을 시도하다.

❹ _____ : 영화제작을 공부하다

❺ _____ : 전 세계인을 감동시킨 영화를 만들다.

2) (가)에서 ☐☐ 에 사용할 수 있는 표현을 모두 찾아 쓰십시오.

[보기] ☐☐ 감을 느끼다   **위기, 좌절**

❶ ☐☐ 을/를 거두다   _____

❷ ☐☐ 을/를 겪다   _____

❸ ☐☐ 을/를 극복하다   _____

❹ ☐☐ 을/를 노리다   _____

❺ ☐☐ 에 처하다   _____

3) 다음을 알맞게 연결하십시오.

승승장구 ●————————● 하는 일마다 성공하다

칠전팔기 ● ● 물려받은 재산 없이 혼자 힘으로 재산을 모으다

고진감래 ● ● 여러 번 실패해도 포기하지 않다

전화위복 ● ● 위기가 오히려 기회가 되기도 하다

자수성가 ● ● 어려움을 참고 견디면 좋은 결과가 오다

4) (나)에서 (   )에 알맞은 표현을 찾아 빈 칸을 채우십시오.

> **올 크리스마스에는 감동의 책을 선물하세요. – 한국기업 총수 김영수 회고록**
>
> 맨주먹으로 시작하여 한국 최고의 기업 총수가 된, (   )한 인물의 전형, 김영수 회장! 그에게도 시련은 있었다. 단 한 번의 실패 없이 (   )하던 그가 형제처럼 믿고 지내던 동업자의 배신으로 한 순간에 모든 걸 잃고 빈털터리가 되고 말았던 것이다. 그러나 그는 포기하지 않고 오늘날 젊은이들이 가장 일하고 싶어 하는 기업을 일구어낸다. 이제 이 책을 손에 드는 순간, 당신은 고난의 가시밭길을 지나 성공의 기쁨을 맛보는 (   )의 참의미를 알게 될 것이다.

02 여러분이 알고 있는 성공한 인물을 위의 표현을 사용하여 소개해 보십시오.

[보기] 영국의 헤비메탈 밴드의 드러머 릭 앨런을 아십니까? 힘이 넘치면서도 정교한 리듬의 연주로 명성을 떨치다가 불의의 교통사고로 왼쪽 팔을 절단하는 시련을 겪은 인물입니다. 하지만 이 사람은 좌절하지 않고 오른팔만 사용하는 특수 주법을 익혀 재기에 성공했습니다.

문법

01 다음을 읽고 문법 및 표현을 익혀 봅시다.

> 저는 가난한 농부의 아들로 태어났습니다. 부모님들은 늘 이렇게 말씀하셨지요. 쓸데없이 책을 읽으면서 시간을 **낭비하느니** 밭에 나가 일을 하라고. 그럼 밥 한 끼가 생긴다고. 그러나 저는 공부를 하고 싶었습니다. 구하면 길이 열린다고 했던가요? 저는 장학금을 받아 유학을 떠날 기회를 잡았습니다. 그토록 원하던 넓은 세상과의 만남! 앞으로 어떤 어려움이 **닥칠지라도** 포기하지 않고 끝까지 꿈을 향해 나아가겠습니다.

-느니

1) 빈 칸을 채우고 보기와 같이 문장을 만드십시오.

상황	선택
[보기] 일이 적성에 맞지 않는데 계속해야 할지 고민이다.	경제적으로는 어렵겠지만 적성에 맞는 일을 하겠다
❶ 우리 부서에서 제일 무능력한 최 대리와 한 팀이 되었다	
❷ 지금 출발하면 수업이 끝날 때쯤 학교에 도착할 것 같다	
❸ 비를 맞고 있는데 옛날 남자친구가 우산을 쓰고 걸어 오고 있다.	
❹ 보고서를 완성하지 못했는데 상사에게 뭐라고 변명해야 할 지 모르겠다.	

> [보기] 적성에 맞지 않는 일을 하면서 경제적 안정을 얻느니 경제적으로는 어렵겠지만 적성에 맞는 일을 하겠다.

❶ _____ .

❷ _____ .

❸ _____ .

❹ _____ .

YONSEI KOREAN 6

-을지라도/ㄹ지라도

2) 빈 칸을 채우고 보기와 같이 문장을 만드십시오.

예상되는 부정적 결과	결심
[보기] 실패를 하다	나쁜 방법을 쓰지는 않겠다
❶	이 사람과 결혼하고 말겠다
❷	내일 아침까지 이 일을 끝내고 말겠다
❸	계획을 바꾸는 일은 없을 거다
❹	친구를 고자질할 수는 없다

[보기] 실패를 할지라도 나쁜 방법을 쓰지는 않겠다.

❶ _____.

❷ _____.

❸ _____.

❹ _____.

02 여러분은 도전하는 사람입니까? 쉽게 포기하는 사람입니까? 다음 표에 표시하고 이야기해 보십시오.

상황	도전하는 사람 (-을지라도)	포기하는 사람(-느니)
[보기] 짝사랑하는 사람이 있는데... 고백할까?		
❶ 입사시험에 자꾸 떨어지는데... 계속 도전해야 할까?		
❷ 나는 수영을 잘 못 하는데... 물에 빠진 아이를 구해야 할까?		
❸ 돈은 많지 않지만... 해외 배낭여행을 떠나볼까?		

[보기] 도전하는 사람 : 저는 그 사람을 다시 보지 못하게 될지라도 좋아한다는 고백을 하겠어요.
포기하는 사람 : 저는 괜히 고백했다가 그 사람을 못 보게 되느니 친구로라도 계속
그 사람 옆에 있고 싶은데요.

과제 1   읽고 말하기 ●

다음은 인생을 성공적으로 이끌어 가고 있는 외과의사 송명근 박사에 대한 이야기입니다. 읽고
질문에 답하십시오.

1992년 국내 최초 심장 이식 수술 성공, 1997년 국내 최초 인공
심장 이식 수술 성공, 2005년 심장, 신장 동시 이식 수술 성공!
바로 외과의사 송명근 교수가 이루어 낸 업적들이다. 미국 유학
시절, 양손을 쓰는 의사들의 수술 시간이 현저하게 적게 걸리는
것을 발견하고 6개월간 왼손으로 밥을 먹고 젓가락질도 왼손으로
했다는 그! 당시 그가 왼손으로 꿰매는 연습을 한 담요는 액자에 끼워져 지금도 경기도의
한 종합병원 수술실 앞에 〈어느 외과의사의 노력〉이라는 제목으로 걸려 있는데 그는
스스로 자신이 '미쳤었다'고 말한다. 미쳤기 때문에 몰두할 수 있었고 몰두했기에 성공이
따라왔다는 것이다.

그러나 송명근 교수가 성공적인 삶을 이끌어 가는 인물이라는 데 이견이 없는 것은
단지 그가 외과의사로서 성공했기 때문만은 아니다. 송 교수는 얼마 전 200억 원이 넘는
전 재산을 그와 아내의 사후에 사회에 되돌리겠다는 유언장을 작성해 공증까지 마쳤다는
사실을 공개했다. 평소 유일한 박사의 '기업이 사회에서 번 돈은 사회에 돌려 줘야 한다'는
인생철학에 공감하고 있던 터였는데 심장 수술을 앞둔 부자 노인의 앞에서 자식들이
재산 싸움을 벌이는 것을 보고 결심을 굳혔다는 것이다. 그리고 여러 해 전에 공증까지
마친 일을 새삼스럽게 공개 선언까지 하게 된 것은 유언장을 작성해 공증을 할 때에는
이렇게까지 재산이 불어날지 몰랐고 의료기기 사업의 성공으로 갑자기 재산이 엄청나게
늘자 욕심이 생겨 마음이 흔들릴까 봐 쐐기를 박기 위해서였다고 고백했다.

송 교수의 재산은 앞으로 얼마나 더 늘어날지 모른다. 그러나 얼마가 되든지 송 교수는 그가 환원한 돈으로 우선 국립심장병센터를 세우고 나머지는 심장병 연구기금으로 쓰였으면 한다고 밝혔다. 그리고 소외받는 노인과 고아들을 위해서도 일부 쓰이기를 희망한다고 말했다.

01 〈어느 외과의사의 노력〉은 무엇입니까?

02 송명근 박사는 자신의 성공 비결이 무엇이라고 말합니까?

03 송명근 박사가 공개 선언한 내용은 무엇입니까?

04 여러분은 송명근 박사의 결심과 공개 선언에 대해서 어떻게 생각합니까?

05 여러분 나라에도 사회의 지도층 또는 상류층으로서의 의무(노블리스 오블리제)를 실천하고 있는 인물이 있습니까? 소개해 보십시오.

인물	활동

기능표현 익히기

· 장애인 의무 고용제에 대해서 어떻게 생각하십니까?
· 장애인 의무 고용제에 대해 찬성/ 반대하십니까?
· 장애인 의무 고용제에 대해 한 말씀 해 주십시오.
· 장애인 의무 고용제에 대한 의견을 듣고 싶습니다.
· 장애인 의무 고용제에 대한 견해를 밝혀 주십시오.
· 장애인 의무 고용제에 대한 입장을 분명히 해 주십시오.

01 다음은 송명근 박사를 인터뷰한 내용입니다. 각 대답에 적당한 질문을 만들어 보십시오.

1) ....
....

"글쎄요. 어떤 일에서 성공하려면 무엇보다도 그 일에 미쳐야 한다고 생각합니다. 저는 늘 제일에 미쳐 있었고 미쳤기 때문에 몰두할 수 있었고 성공은 그래서 따라왔다고 생각합니다."

2) ....
....

"아, 그거요? 그건 제가 미국 유학 시절에 양손을 쓰면 수술 시간이 2배나 빨라진다는 사실을 알고 수술할 때 왼손을 자유자재로 쓰기 위해 한 6개월간 왼손만 쓰면서 지낸 적이 있는데 그때 왼손으로 꿰매는 연습을 했던 담요입니다."

3) ....
....

"평소 유한양행 창업자 고(故) 유일한 박사의 '기업이 사회에서 번 돈은 사회에 돌려 줘야한다'는 인생철학에 공감하고 있던 터였는데 어느 날 심장 수술을 앞둔 부자 노인의 앞에서자식들이 재산 싸움을 벌이는 것을 보고서 결심을 굳혔습니다. 그런데 그 후 제가 시작한의료기기 사업의 성공으로 재산이 갑자기 엄청나게 불었고 그래서 욕심이 생겨 마음이 흔들릴까봐 쐐기를 박은 것입니다."

4) _____

_____

"우선 국립심장병센터를 세우고 나머지는 심장병 연구기금으로 쓰였으면 합니다. 그리고 소외받는 노인과 고아들을 위해서도 일부 쓰이기를 희망합니다."

02 다음의 인물과 인터뷰하려고 합니다. 한 사람을 골라서 보기와 같이 인터뷰 질문을(5개 정도) 만들어 보십시오.

[보기] **유일한(73살)**
한국의 경제인들이 가장 존경하는 기업인. 미국 유학 시절 조국을 잊지 않겠다는 의지로 이름을 '유일형'에서 '유일한'으로 바꾼 인물. 사업이 한창 승승장구하던 1920년, 조국의 어려운 상황을 알고 돌연 귀국, 제약회사를 설립하여 영리가 목적이 아닌 민족에 봉사하기 위한 기업경영을 한 민족기업가. 72세에 전문경영인에게 기업의 경영권을 넘기고 은퇴, 교육 사업에 힘쓰는 한편 '유한재단'이라는 공익재단을 만들고 각종 공익사업에 기부를 아끼지 않으며 사후 전 재산을 유한재단에 기부하겠다는 뜻을 밝히기도 한 살아있는 성자.

❶ 미국 유학시절 이름을 바꾸신 것으로 알고 있습니다. 특별한 의미가 있으십니까?
❷ 사업이 한창 성공적이던 때 갑작스런 귀국을 하신 이유는 무엇입니까?.
❸ 선생님의 기업경영 철학에 대해서 말씀해 주십시오.
❹ 경영에서 은퇴하시면서 혈연관계가 전혀 없는 전문경영인에게 기업을 넘기셨는데요.
   우리나라의 상속문화에 대한 견해를 듣고 싶습니다.
❺ 요즘 하고 계시는 공익사업과 이후의 계획에 대하여 이야기해 주십시오.

박찬우(33살)

야구선수, 한국인 최초로 메이저리그 진출, 데뷔전 17일 만에 마이너리그로 추락, 피나는 노력으로 5년간 6500만 달러의 연봉 계약에 성공, 그러나 곧 다시 이어지는 부상과 부진, 그로 인한 비난 속에서도 좌절하지 않고 또다시 재기를 꿈꾸는 불굴의 한국인.

진유환(26살)

프로게이머, 공부는 뒷전이고 오직 컴퓨터 게임에 미쳐 부모님 속을 무던히도 썩이던 소년, 2006년 연봉 2억 5천만 원! 인기 탤런트, 가수 등을 제치고 팬 카페 회원수 1위! 월스트리트 저널과 르몽드지가 주목하는 e스포츠의 황제!

인요셉(47살)

전라도 사투리를 쓰는 파란 눈의 미국 국적을 가진 외국인 진료소 소장, 한국에서 태어나 한국에서 의술을 베풀며 북한 의료 지원 사업에도 앞장서는 한국 사람보다 더 한국 사람같은 외국인.

강우래(39살)

화려한 춤과 노래로 대중의 사랑을 받던 댄스 가수, 불의의 교통사고로 하반신이 마비돼 죽음을 바라던 그가, 5년 후 휠체어 댄스를 선보이며 돌아오다!

문국진(26살)

말단 사원에서 기업의 전문경영인이 된 입지전적인 인물. IMF 경제위기 속에서도 단 한 명의 해고 없이 오히려 고속성장을 이뤄 '아시아에서 가장 일하기 좋은 기업' 6위에 선정되기도 한 그의 기업 철학은 '혁신과 원칙', '공익성과 수익', '효율성과 인력유지' 등으로 일면 대립되는 두 가치의 균형 잡힌 조화이다.

02 성공에 대한 가치관

학습 목표 ● 과제 성공에 대한 가치관 알아보기, 인터뷰하기(대답하기)
● 문법 –는다거나, –는 데 ● 어휘 가치관

이 사람들이 인생에서 추구하는 것은 무엇일까요?

여러분은 인생에서의 성공이 무엇이라고 생각합니까? 그리고 성공하기 위해서 어떤 노력을 하고 있습니까?

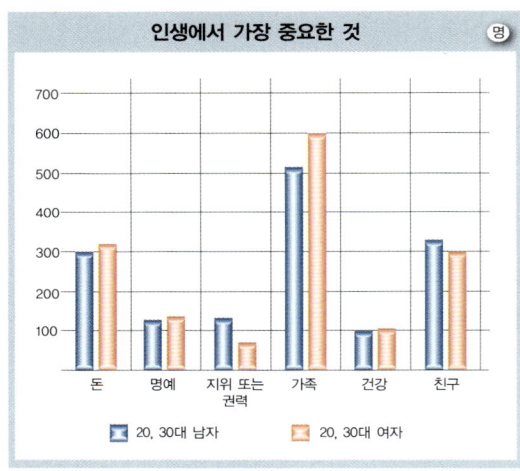
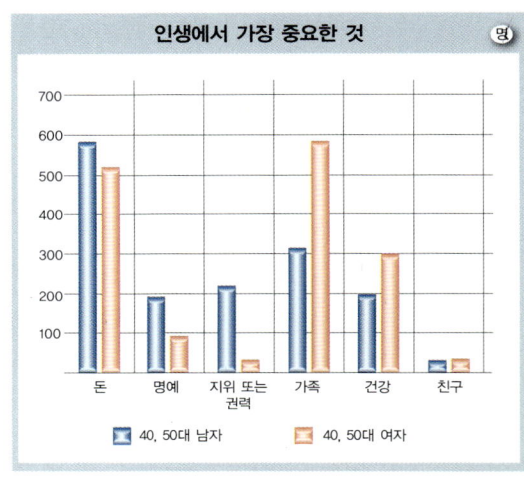

1) 남녀, 세대에 따라 한국인의 가치관에는 어떤 차이가 있습니까?

2) 여러분 나라에서는 남녀, 세대에 따라 어떤 가치관의 차이가 있습니까?

대화

🔊 CD 1:03~04

답변자 그러니까 조금 전에도 말씀드렸다시피 제 인생 최고의 가치는 가족과 행복하게 살면서 제 이상을 실현하는 데 있습니다.

제임스 지금까지 하신 말씀을 종합해 보면 선생님께서는 성공이라는 것을 상당히 주관적으로 해석하시는 듯합니다. 그럼 부와 명예, 지위나 권력 등을 최고의 가치로 여기는 많은 사람들에 대해서는 어떤 생각을 가지고 계십니까?

답변자 사람마다 추구하는 바가 다르므로 저는 그들이 틀렸다고 생각하지 않습니다. 제가 말씀드리고 싶은 것은 어떻게 살아가든 그 삶이 자기에게 만족스럽고 행복하다면 그것으로 그만이라는 것입니다.

제임스 그렇다면 선생님이 말씀하시는 가족의 행복과 이상의 실현이 과연 어떤 것인지 구체적으로 듣고 싶습니다.

답변자 저는 무엇보다도 가족과 많은 시간을 함께 하고 싶습니다. 함께 하는 시간만큼 많은 걸 공유하게 될 테고 그럼 서로에 대한 이해와 사랑이 깊어지지 않겠습니까? 그리고 제 이상은 나누는 삶입니다. 크고 거창하게 남을 도울 수는 없다 해도 가까운 이웃하고라도 제가 가진 것을 조금씩 나누면서 사는 것이 제가 생각하는 행복입니다.

제임스 마지막으로 하나만 더 말씀해 주십시오. 혹시 사회적으로 성공한 사람들이 선생님을 인생의 낙오자로 취급한다거나 먼 훗날 아이들이 선생님과는 다른 삶을 살고 싶어한다거나 하면 어떨까요?

답변자 세상에는 다양한 삶의 방식이 있습니다. 누구도 다른 사람에게 이렇게 살라고 강요할 수는 없는 거지요. 그리고 이제 우리 사회도 그 다양성들을 인정하고 있다고 보는데요.

제임스 잘 알겠습니다. 바쁘실 텐데도 불구하고 진지하게 답변해 주셔서 감사합니다.

01 '답변자'의 생각으로 맞는 것을 고르십시오.

❶ 부와 명예를 추구한다.
❷ 가정과 나의 행복을 우선시한다.
❸ 사회적 성공을 위해 개인의 행복을 희생할 수 있다.
❹ 사회적 성공을 최고의 가치로 여기는 것은 잘못이다.

종합하다 주관적으로 추구하다 공유하다 거창하다
낙오자 취급하다 강요하다 진지하다 답변하다

02 '답변자'가 말하는 다양한 삶의 방식이란 무엇입니까?

03 여러분은 사회적 성공과 가정의 행복 중에서 어느 것이 우선이라고 생각합니까? 그 이유는 무엇입니까?

> [보기] 저는 사회적 성공이 우선이라고 생각해요. 제가 사회적으로 성공하지 못하면 저와 제 가족이 행복해질 수 없을 것 같거든요. 가정의 행복은 사회적으로 성공한 후에도 얻을 수 있지 않을까요?

어휘　가치관 ●

01 다음 표현을 익히고 질문에 답하십시오.

(가)	(나)
인생관	가치관을 심어주다
도덕관	가치관을 형성하다
인간관	가치관을 확립하다
이성관	가치관의 혼란을 겪다
결혼관	가치중립적 태도를 취하다
직업관	가치판단을 내리다
정치관	가치판단이 서다
경제관	

1) (가)에서 알맞은 표현을 찾아 빈 칸을 채우십시오.

> 가치관이란 사람이 어떤 대상의 가치를 판단할 때 기준으로 삼는 잣대이다. 이때 그 대상이 무엇이냐에 따라서 가치관은 여러 가지의 이름을 갖는데 대상을 인생으로 했을 때를 (　　　　)이라 하고, 도덕적 선악이나 바르고 그릇됨을 분별하는 경우는 (　　　　), 대상이 인간이라면 (　　　　), 이성과 결혼이 대상일 때는 (　　　, 　　　), 그리고 직업과 정치, 경제에 대하여 가지는 생각이나 판단의 기준을 (　　　, 　　　, 　　　)이라고 한다.

2) 알맞은 표현을 고르십시오.

인간은 태어나면서부터 눈에 보이는 모든 대상을 판단하기 시작한다. 바로 자신만의 가치관을 (**형성하기, 확립하기**) 시작하는 것이다. 이때 그들의 가치관에 가장 큰 영향을 미치는 것은 다름 아닌 부모이다. 따라서 부모는 아이에게 올바른 가치관을 (**세우기, 심어주기, 확립하기**) 위해서 스스로의 가치관을 다시 한 번 (**세울, 형성할, 확립할**) 필요가 있다. 이제 아이는 자라서 청소년기를 맞고 절대적인 줄만 알았던 부모의 가치관과 부딪치면서 (**가치관의 혼란을 겪는다, 가치중립적 태도를 취한다**) 그러나 이것도 올바른 가치관을 세우는 하나의 과정이다. 그러므로 이 시기에 부모는 아이가 스스로 바른 가치관을 (**확립할, 심어줄**) 수 있도록 (**가치판단을 내리는, 가치중립적 태도를 취하는**) 것이 좋다.

02 위의 표현을 사용하여 여러분의 가치관 형성의 과정을 이야기해 보십시오.

[보기] 저의 가치관은 고등학교 때 확립된 것 같아요. 저도 남들처럼 중, 고등학교 때 어른들의 이중적인 가치관이 보이기 시작하면서 심한 가치관의 혼란을 겪었어요. 도무지 무엇이 옳은지 아무런 가치판단이 서지 않았어요. 그때 한 선배와 가깝게 지냈는데 그 선배는 제가 바른 가치관을 세울 수 있도록 많은 도움을 주셨어요.

문법

01 다음을 읽고 문법 및 표현을 익혀 봅시다.

> 사람은 누구나 성공하고 싶어한다. 그런데 과연 성공은 무엇일까? 사람들은 부자가 **된다거나 유명해진다거나** 하면 성공했다고 하지만 내가 보기에는 그 사람들이 모두 행복해지는 것 같지는 않다. 도대체 부와 명예, 지위와 권력이 **행복해지는 데** 무슨 소용이 있다고 소중한 것들까지 잃어가면서 그것들을 가지고 싶어하는 걸까?

-는다거나/ㄴ다거나/다거나

1) 빈 칸을 채우고 보기와 같이 문장을 만드십시오.

상황	
[보기] 직장에서 인정을 받다, 가족과 화목한 시간을 보내다	인생에서 성공했다고 느끼다
❶	애인이 있었으면 싶다
❷	공부하기가 싫어지다
❸	자꾸 웃음이 나다
❹	고향이 그립다

> [보기] 직장에서 인정을 받는다거나 가족과 화목한 시간을 보낸다거나 할 때 인생에서 성공했다고 느껴요.

❶ .... 하는 경우 ....

❷ .... 할 때 ....

❸ .... 하면 ....

❹ .... 할 때 ....

-는/은/ㄴ 데

2) 관계가 있는 것끼리 연결하고 문장을 만드십시오.

[보기] 커피, 찬물 세수, 다리 꼬집기　●　　　　　　●　졸음을 쫓다

❶ 버섯, 된장, 요구르트　　　　　●　　　　●　담배의 유혹을 뿌리치다

❷ 물 마시기, 충분한 수면, 긍정적 사고　●　　●　잠이 오게 하다

❸ 껌, 사탕, 폐암 경고문　　　　　●　　　　●　좋은 피부를 유지하다

❹ 따뜻한 우유, 목욕, 조용한 음악　　●　　●　암을 예방하다

[보기]　**커피와 찬물세수, 다리 꼬집기 등은 졸음을 쫓는 데** 효과가 있어요

❶ .... 효과가 있어요.
❷ .... 필수적이에요.
❸ .... 효과적이에요.
❹ .... 도움이 돼요.

02 위의 두 표현을 사용하여 다음과 같은 상황에서 여러분이 사용하는 '나만의 비법'을 공개해 주십시오.

[보기]　긴장이 될 때 - 심호흡을 한다거나 두 팔을 위로 들고 몸을 쭉 편다거나 하면 긴장을 줄이는 데 도움이 돼요.

❶ 웃음을 참아야 할 때
❷ 친구의 화를 풀어 줘야 할 때
❸ 남는 시간을 때워야 할 때

과제 1   듣고 말하기 [CD1:05]

다음은 국가 청소년 위원회가 청소년의 가치관을 조사하기 위해 작성한 조사 계획서입니다.

조사 내용	● 전국 중 · 고등학생을 대상으로 청소년의 가치관을 조사한다. ● 일대일 인터뷰 조사로 인생관, 결혼 · 가족관, 사회 · 국가관, 통일관 및 다문화 의식 등 4개의 부분으로 나누어 질문을 진행한다.
조사 목적	● 청소년의 주관적 가치 의식을 올바르게 이해하고 이것을 근거로 적절하고 현실성 있는 청소년 정책을 수립하는 것을 목적으로 한다.
향후 계획	● 매년 정기 조사를 실시하여 청소년의 가치관 변화에 대한 자료를 지속적으로 구축해 나간다. ● 장기적으로는 외국 청소년 및 성인에 대한 조사까지 병행하여 국가간 · 세대간 비교도 가능할 수 있도록 발전시켜 나간다.
조사 개요	● 조사기간 : 00년 11월 ● 조사대상 : 전국 중 · 고등학교 재학생 6,160명 ● 조사방법 : 일대일 인터뷰 조사 ● 조사수행기관 : 한국청소년정책연구원

위의 조사에서 국가 청소년 위원회는 청소년의 인생관, 결혼 · 가족관, 사회 · 국가관, 통일관 및 다문화 의식 등의 가치관을 알아보기 위해 어떤 질문을 했을까요? 질문을 만들어 보십시오.

● 인생관　　　　　❶

　　　　　　　　　❷

● 결혼 · 가족관　　❶

　　　　　　　　　❷

● 사회 · 국가관　　❶

　　　　　　　　　❷

● 통일관 및 다문화 의식　❶

　　　　　　　　　❷

01 다음은 국가 청소년 위원회가 실시한 청소년의 가치관을 조사한 내용입니다.

1) 인생관과 결혼·가족관에 대한 조사 부분을 듣고 빈 칸을 채우십시오.

	질문	대답
인생관	❶ 인생을 살아가는 데 가장 중요한 것이 무엇입니까?	❶ 가족 50.2%, 건강 20.4%, 돈 12.3%, 친구 8.7%, 종교 2.7%, 학력 1.5%
	❷	❷ 네 66.4%, 아니요 33.6%
	❸	❸ 능력 발휘 33.2%, 적성 32.8%, 경제적 수입, 장래성
결혼 · 가족관	❶	❶ 아니요 25%
	❷ 배우자 선택 시 무엇을 가장 중요하게 생각합니까?	❷ 성격 58.3%, 경제력, 외모, 직업
	❸	❸ 평균 2.09명
	❹	❹ 딸 33.5%, 아들 19.4%
	❺	❺ 긍정적 66.8%

2) 사회·국가관에 대한 조사 부분을 듣고 빈 칸을 채우십시오.

	질문	대답
사회 · 국가관	❶	❶ 아니요 79.1%
	❷	❷ 아니요 54.9%
	❸	❸ 부모님 1,592명, 세종대왕, 이순신 장군 빌 게이츠, 선생님, 헬렌켈러, 유관순
	❹ 역대 대통령 중 존경하는 인물이 있습니까? 있다면 누구입니까?	❹ 없다 65.8% 있다(김대중18.3%, 박정희 1.4%)
	❺	❺ 네 68.5%
	❻	❻ 네 39.4%
	❼ 나라의 발전이 곧 나의 발전이라고 생각합니까?	❼ 네 51.1%

3) 통일관 및 다문화의식에 대한 조사 부분을 듣고 빈 칸을 채우십시오.

	질문	대답
통일관 및 다문화 의식	❶	❶ 네 65.9%
	❷	❷ 네 58.1%
	❸ 북한을 협력 대상으로 생각합니까?	❸ 네 76.9%
	❹	❹ 아니요 71.6%
	❺	❺ 네 52.6%
	❻	❻ 네 56.3%
	❼ 우리사회가 다문화 사회가 되는 것이 국가 발전에 도움이 된다고 생각합니까?	❼ 네 67.7%

02 여러분은 위의 질문에 어떻게 대답하겠습니까? 두 사람이 짝이 되어 질문하고 대답해 보십시오.

과제 2 인터뷰하기(대답하기)

기능표현 익히기

· 둘 중에서 하나만 선택하라는 **말씀이십니까?**

· **다시 한 번 질문해 주시겠습니까?**

· **제가 말씀드리고 싶은 것은** 이번 결정은 다시 논의되어야 한다는 것입니다.

· **제 말의 의미는/뜻은** 성공에 대한 가치관은 사람마다 다를 수 있으며 옳고 그름을 따질 수 있는 문제가 아니라는 것입니다.

· **제가 보기에는/제 생각으로는** 그런 극단적인 경우는 생기지 않을 것 같은데요.

· **저는 이렇게 생각합니다.**

· 두 가지 이상의 상황이 고려되었다는 **면에서 저는 박 선생님의 의견에 찬성합니다 / 동의합니다 / 반대합니다.**

· **저는 박 선생님과 생각이 같습니다 / 다릅니다.**

01 인터뷰의 주제를 정하여 보기와 같이 조사 계획서를 만들고 구체적인 질문을 만들어 보십시오

[보기] **주제: 한국 대학생들의 직업에 대한 의식 구조**

조사 내용	한국 대학생들을 대상으로 직업에 대한 의식을 조사한다.
조사 목적 및 조사결과 활용 계획	직업이 다양화, 세분화 되어가고 있는 현재, 한국 대학생들의 직업에 대한 의식의 변화를 알아보고 보다 효율적으로 미래를 준비할 수 있도록 정보를 제공한다.
조사 개요	조사 기간 : OO년 O월 OO일 ~ O월 OO일 조사 대상 및 조사 장소 : 한국 대학생 5명, 명동 조사 방법 : 일대일 심층 인터뷰
기본질문	❶ 실례지만 현재 어느 대학, 몇 학년에 재학 중이십니까? 　(남자인 경우, 군대에는 다녀오셨습니까?) ❷ 전공이 어떻게 되십니까?
질문	❶ 어린 시절 꿈이 무엇이었습니까? ❷ 현재 가지기를 원하는 직업은 무엇입니까? 이유는? ❸ 이상적이라고 생각하는 직업의 조건은 무엇입니까? ❹ 지금 취업을 위해서 어떤 준비를 하고 계십니까? ❺ 희망 직업은 전공과 관계가 있습니까? 　(없으면, 왜 전공과 관계없는 직업을 희망합니까?) ❻ 직업을 선택하는 기준은 무엇입니까? (세 가지) * 각 대답에 대해 심층 질문을 한다.

주제: ....

조사 내용	
조사 목적 및 조사결과 활용 계획	
조사 개요	조사 기간 : 조사 대상 및 조사 장소 : 조사 방법 :
기본질문	❶ ❷ ❸
질문	❶ ❷ ❸ ❹ ❺ ❻ * 각 대답에 대해 심층 질문을 한다.

02 위의 조사 계획서를 이용하여 인터뷰를 실시한 후 보기와 같이 결과를 정리해 보십시오

[보기]

OO년 O월 O일

한국 대학생들의 직업에 대한 의식 구조

– 발표자 : 6급 1반 왕 웨이

조사 내용과 목적, 조사결과 활용 계획 : 직업이 다양화, 세분화 되어가고 있는 현재, 한국 대학생들의 직업에 대한 의식의 변화를 알아보고 보다 효율적으로 미래를 준비할 수 있도록 정보를 제공한다.

조사 기간 : OO년 O월 O일 ~ O월 O일

조사 장소 : 명동

조사 대상 : ❶ 김민석(25세, 남자, 무역학과 4학년, 군필)

❷ 이수영(20세, 남자, 체육학과 1학년)

❸ 정민지(20세, 여자, 산업디자인학과 1학년)

❹ 이보람(22세, 여자, 러시아어과 2학년)

❺ 조설아(24세, 여자, 건축공학과 4학년)

조사방법 : 일대일 심층 인터뷰

기본질문 : 1. 실례지만 현재 어느 대학, 몇 학년에 재학 중이십니까?
　　　　　　　(남자인 경우, 군대에는 다녀오셨습니까?)
　　　　　　2. 전공이 어떻게 되십니까?

질문과 대답 : 1. 어린 시절 꿈이 무엇이었습니까?
　　　　　　❶ 의사　　❷ 연예인　　❸ 의사　　❹ 법률가　　❺ 교수

　　　　　2. 현재 가지기를 원하는 직업은 무엇입니까? 이유는?
　　　　　　❶ 대기업 회사원 – 달리 되고 싶은 것도 없고 무난하니까
　　　　　　❷ 방송인 – 어렸을 때부터 꿈이었다
　　　　　　❸ 기자 – 전문적이고 안정적인 직업인 것 같아서
　　　　　　❹ 요리사 – 요리하는 걸 좋아할 뿐만 아니라 전문적인 일이니까
　　　　　　❺ 사회복지사 – 무엇보다도 종교적인 내 신념과 맞기 때문에

　　　　　3. 이상적이라고 생각하는 직업의 조건은 무엇입니까?
　　　　　　❶❷❹ 개인적 이상 실현　　❸ 사회적 인정　　❺ 사회 공헌

　　　　　4. 지금 취업을 위해서 어떤 준비를 하고 계십니까?
　　　　　　❶❷❸❹❺ 외국어를 배우고 있다.
　　　　　　* ❶ 방학마다 인턴십에 적극 참여하고 있다.
　　　　　　　❷ 방송국 아르바이트를 하고 있다.
　　　　　　　❺ 자격증을 따기 위해 공부하고 있다.

　　　　　5. 희망 직업은 전공과 관계가 있습니까? (없으면, 왜 전공과 관계없는 직업을 희망합니까?)
　　　　　　❶ 있다 – 대기업 상사에 취직하기를 원하고 있으므로 관련이 있다.
　　　　　　❷ 없다 – 솔직히 대학은 간판을 따기 위해 왔다.
　　　　　　❸ 있을 수도 있고 없을 수도 있다
　　　　　　　– 일반 기자가 된다면 관련이 없겠지만 편집기자가 된다면 어느 정도 전공의 도움을
　　　　　　　　받을 수 있을 것 같다.
　　　　　　❹❺ 없다
　　　　　　　– 전공을 선택할 때 내 적성/이상이 뭔지 잘 모르고 선택했던 거 같다.

　　　　　6. 직업을 선택하는 기준은 무엇입니까?
　　　　　　❶ 적성, 돈, 사회적 인지도　　❷ 돈, 적성, 사회적 인지도
　　　　　　❸ 사회적 인지도, 적성, 돈　　❹ 적성, 사회적 인지도, 돈
　　　　　　❺ 사회적 공헌도, 적성

소감 : 한국 대학생들의 희망 직업은 전공과 큰 관련이 없었다. 그리고 이것은 어린 시절의 꿈이
　　　구체적이거나 실제적이지 않다는 사실과 관계가 있어 보인다. 따라서 어렸을 때부터 다양하고
　　　보다 실질적인 직업에 대한 교육이 이루어져야 하겠다. 또한 한국 대학생들은 학년이 높을수록,
　　　여자보다는 남자가 취업을 위한 구체적인 준비를 하고 있었다. 한편 한국의 대학생들은 이상적인
　　　직업의 조건으로 개인적인 이상의 실현이나 사회적 인정, 공헌도를 이야기하였는데 동시에
　　　현실적인 직업 선택에 있어서는 경제적인 부분도 많이 고려하고 있었다.

03 위의 내용을 이용하여 인터뷰 결과를 발표해 보십시오.

1) 조사 내용, 목적, 향후 계획, 개요 소개하기

2) 구체적인 질문과 응답 밝히기 (조사 결과에 대한 분석)

3) 조사 후 소감 말하기

[보기]

여러분도 아시다시피 직업은 점점 더 다양해지고 세분화 되어가고 있습니다. 그래서 저는 현재 한국 대학생들의 직업에 대한 의식과 그 변화를 조사하여 이를 통해 보다 효율적으로 미래를 준비할 수 있는 방법이 있는지, 있다면 그것이 무엇인지를 알아내고자 〈한국 대학생들의 직업에 대한 의식 구조〉에 대한 조사를 실시했습니다. 조사기간은 ○○년 ○월 ○일부터 ○일까지였고 조사장소는 명동, 조사대상은 남녀 대학생 5명이었으며 조사방법은 일대일 심층 인터뷰였습니다.

먼저 기본적으로 현재 다니고 있는 대학과 학년, 전공에 대해 물었습니다. 조사 대상 중 3명은 여자였는데 각각 어학 전공 2학년생과, 미술 전공 1학년생, 공학 전공 4학년생이었습니다. 나머지 2명은 남자로 한 사람은 군대를 다녀 온 무역 전공의 4학년생이었으며 다른 한 사람은 체육을 전공하는 1학년 학생이었습니다.

저의 구체적인 질문은 모두 6개로, 먼저 ①어린 시절 꿈, ②앞으로 가지기를 원하는 직업과 그 이유 그리고 ③이상적이라고 생각하는 직업의 조건에 대해 질문했습니다. 제 질문에 각각의 조사 대상은 의사나 법률가, 교수 그리고 연예인 등 아주 흔하게 생각할 수 있는 직업이 꿈이었다고 대답했습니다. 한편 가지고 싶어 하는 직업은 대기업 회사원, 방송인, 기자 등이었는데 그 이유는 전문직이기 때문이라는 대답이 많았습니다. 다음 3번 질문에는 모두 비슷한 대답을 했는데 한마디로 말하면 개인적으로 만족하고 사회적으로 공헌할 수 있는 직업이 이상적이라는 대답이었습니다.

그러나 대학생들의 어린 시절 꿈과 현실에는 많은 차이가 있었습니다. 저는 대학생들에게 ④지금 취업을 위해서 어떤 준비를 하고 있는지 ⑤희망 직업은 전공과 관계가 있는지, 없으면 왜 전공과 관계없는 직업을 희망하는지, 그리고 ⑥직업을 선택하는 기준이 무엇인지를 물어보았습니다. 첫 번째 질문에는 학년이 높을수록 남자일수록 보다 구체적인 준비를 하고 있었습니다. 이들이 하고 있는 준비로는 외국어를 배우고 있다는 대답이 제일 많았는데 특히 군대에 다녀온 남자 대학생은 방학을 이용하여 여러 업체에서 하는 인턴쉽에 적극적으로 참여하고 있다고 말했고 사회복지사가 되기를 원하는 4학년 여자 대학생은 사회복지사 자격증을 따기 위해 공부하고 있다고 대답했습니다. 그리고 전공과 희망 직업 사이에는 큰 관련이 없었습니다. 마지막 질문은 실질적인 직업 선택의 기준에 관한 것이었는데 모두들 개인의 적성과 사회적 인지도가 고려돼야 한다고 3번 질문의 이상적인 직업의 조건이 현실에서도 똑같이 적용되고 있음을 볼 수 있었습니다. 그러나 물론 예상대로 5명중 4명이 경제적인 부분도 고려해야 한다고 답했습니다.

저는 이번 조사를 통해서 한국 대학생들의 희망직업이 전공과 크게 관계가 없으며 나이와 함께 점차 구체적으로 변화해 가는 것을 알게 되었습니다. 따라서 좀 더 어렸을 때부터 구체적으로 직업에 대한 정보를 제공하는 현실적인 교육이 필요하다고 느꼈습니다. 또한 어느 나라나 직업 선택의 경우에는 개인적인 부분과 사회적인 부분이 모두 고려되고 있다는 것을 알게 되었습니다. 따라서 이 두 조건을 모두 만족시키는 직업을 찾는 것이 가장 이상적인 직업이라는 것을 다시한번 확인했습니다.

이외에도 조사 대상들과 많은 이야기를 나눌 수 있어서 제 개인적으로도 아주 재미있고 즐거운 경험이었습니다. 이상입니다. 혹시 질문이 있으십니까?

03 정리해 봅시다

I. 어휘

01 다음 설명에 알맞은 단어를 고르고 그 단어를 이용하여 짧은 문장을 만드십시오.

| 한결같다 | 침해되다 | 종합하다 | 거창하다 | 추구하다 | 공유하다 |
| 취급하다 | 답변하다 | 진지하다 | 강요하다 | 누비다 | |

[보기] 처음부터 끝까지 변함없이 똑같다 :   **한결같다**

사귄 지 5년이 넘었는데도 저 두 사람의 사랑은 언제나 한결같다.

1) 크기나 모양, 느낌 등이 매우 크고 넓다 : _____

_____

2) 마음을 쓰는 태도나 행동 등이 가볍지 않고 진실하다 : _____

_____

3) 목적을 이룰 때까지 뒤쫓아 얻다 : _____

_____

4) 두 사람 이상이 하나의 대상을 공동으로 가지다 : _____

_____

5) 이리저리 빠짐없이 다니다: _____

_____

02 다음의 문장의 밑줄 친 부분을 보기와 같이 배운 어휘를 이용하여 바꾸십시오.

[보기] 사람에게는 누구에게나 살면서 인생을 성공으로 이끌 세 번의 <u>좋은 때</u>가 온다지만 오직 준비한 자만이 그것을 잡을 수 있다.

→ 사람에게는 누구에게나 살면서 인생을 성공으로 이끌 세 번의 <u>기회</u>가 온다지만 오직 준비한 자만이 그 기회를 잡을 수 있다.

1) 아무리 큰 어렵고 힘든 일들이라고 해도 참고 견디다가 보면 다시 일어설 수 있을 거라고 믿어.

→

2) 네 인생에서 네가 이겨내지 못할 만큼 힘든 일은 없을 거라고 생각해. 그러니까 무슨 일이든지 두려워하지 말고 정면으로 부딪쳐 맞서 싸워 보는 거야

→

3) 살아보니까 세상에는 지금은 불행하다고 느낄 만한 일이 나중에는 행운으로 바뀌는 경우도 참 많은 것 같아.

→

4) 네 남자 친구는 좀 남자답지 않아 보여. 위험한 상황에 처하면 싸워보지도 않고 금방 모든 걸 잃은 것처럼 마음과 기운이 약해져서 포기할 사람 같아.

→

5) 앞으로 수없이 실패하는 일이 있어도 그 때마다 포기하지 않고 다시 일어나서 끝까지 해보겠다는 정신으로 노력할 것임을 다짐해 본다.

→

03 여러 가지 가치관에 관한 단어를 쓰고 문장을 만들어 보십시오.

[보기] 인 생 관: 제 인생관은 가늘고 길게 사는 것이 아니라 짧아도 굵게 사는 것입니다.

1) ☐☐관: ....

2) ☐☐관: ....

II. 문법

01 사람들은 다음과 같은 문제를 해결하려면 어떻게 해야 한다고들 말합니까? 그리고 여러분은 그 방법들에 대해서 어떻게 생각하십니까? 보기와 같이 이야기해 보십시오.

손가락을 불에 데었다
우리 할머니는 불에 덴 상처를 가라앉히는 데에는 된장을 바른다거나 오줌물에 상처부위를 담근다거나 하면 좋다고 하셨지만...

저는 오줌물에 손가락을 담그느니 차라리 그냥 아파도 참겠어요.	저는 효과가 빠르다면야 비록 좀 더럽다 할지라도 오줌물에 손가락을 담그겠어요.

1) 말을 안 듣는 아이의 버릇을 고쳐야 한다.

2) 풀이 죽은 아이의 기를 살려야 한다.

3) 사람들의 이목을 끌어야 한다.

4) 귀찮게 따라다니는 상대를 쫓아버리고 싶다.

5) 피부의 적, 자외선을 차단해야 한다.

III. 과제

01 다음은 사회적으로 성공한 인물들의 말입니다. 각각의 의미가 무엇인지 이야기해 봅시다

유일한	유한양행 창업자	"기업의 소유주는 사회다. 단지 그 관리를 개인이 할 뿐이다."
앤드류 카네기	미국의 철강왕	"행복의 비결은 포기해야 할 것을 포기하는 것이다."
토마스 헌터	영국의 투자가	"엄청난 부에는 그만한 책임이 따른다."
정문술	전 미래산업 사장	"진정으로 자신을 버릴 때 자신을 얻을 수 있다."

02 여러분은 이 사회에 어떤 말을 남기고 싶습니까? 그 의미는 무엇입니까?

03 여러분이 사회적으로 유명한 인물이 되어서 인터뷰의 대상이 된다면 어떤 질문을 받고 싶습니까? 받고 싶은 질문을 만들고 스스로 대답해 보십시오.

질문	대답

문화

한국 화폐 속의 인물

한국의 화폐 중에서 인물이 디자인되어 있는 것은 100원, 1,000원, 5,000원, 10,000원이다.

100원짜리 동전에 있는 충무공 이순신은 조선시대의 명장으로서 거북선을 처음 만들어 사용했으며 외세의 공격으로부터 조선을 지켰다. 투철한 조국애와 뛰어난 전략으로 민족을 적으로부터 방어하고 격퇴함으로써 한국 역사상 가장 추앙 받는 장수의 한 사람이 되었다. 이순신은 글에도 능하여 '난중일기'와 시조, 한시 등 여러 편의 작품을 남겼다.

1,000원 권에는 퇴계 이황이 그려져 있다. 이황은 조선시대를 대표하는 학자로서 중종, 명종, 선조의 존경을 받았으며 시문과 글씨에도 뛰어났다. 그는 도산 서원을 창설하여 후진 양성과 학문의 연구에 힘을 쏟았으며 인간의 존재와 본질을 행동보다는 이념적인 면에서 추구하였다.

5,000원 권에 그려져 있는 율곡 이이는 조선 중기의 학자이며 정치가로서 강원도 강릉 출생이다. 정치적 식견과 폭넓은 경험으로 왕의 두터운 신임을 얻어 40세 무렵에 정국을 주도하는 인물로 부상했으며 당파 간의 갈등을 해소하기 위해 적극적으로 노력하였다. 이이는 국력을 기르기 위한 '십만양병설'을 주장하였으며 낙향해서는 제자 교육에 힘썼다.

10,000원 권에는 역대 왕들 중에서 업적이 많기로 손꼽히는 조선의 제4대 왕인 세종대왕이 그려져 있다. 세종대왕은 궁궐 안에 정음청을 설치해 한글을 창제했으며 해시계, 물시계, 혼천의 등 많은 과학 기구들을 발명하여 우리나라의 과학 기술을 발전시켰다. 또한 활자를 개발해 많은 책을 펴내 학문 발전에도 기여했다.

2009년에 발행되는 10만 원 권 지폐에는 백범 김구가, 5만 원 권에는 신사임당이 선정됐다. 김구는 독립애국지사로서 일제 강점기인 1919년 중국 상하이로 망명해 임시정부의 중요한 직책을 맡아 독립운동을 이끌었으며, 광복 후에는 남북한 통일국가를 만들기 위해 힘을 쏟았다. 신사임당은 여성 문화 예술인으로서 대표적인 상징성을 보유하고 있으며 조선 중기의 한국적 특성을 잘 살린 회화, 서예, 문예 등 수준 높은 작품을 남겼다. 조선 중기 대학자인 율곡 이이를 비롯해 3남 4녀를 훌륭하게 키워냄으로써 현모양처의 표본이 되었다.

여론조사 등을 토대로 5만 원 권과 10만 원 권의 지폐 인물 후보자로 김구, 김정희, 신사임당, 안창호, 유관순, 장보고, 장영실, 정약용, 주시경, 한용운(가나다순) 등 10명을 선정한 뒤 후보자 압축 작업을 진행해 최종적으로 백범 김구와 신사임당을 선정했다.

1. 화폐의 인물을 선정하는 기준이 무엇인지 생각해 봅시다.

2. 5만 원 권과 10만 원 권의 지폐 인물 후보자로 뽑혔던 김정희, 안창호, 유관순, 장보고, 장영실, 정약용, 주시경, 한용운이 어떤 인물인지 알아 봅시다.

3. 여러분 나라의 지폐나 동전에 새겨져 있는 인물에 대해 이야기해 봅시다.

문법 설명

01 -느니

앞 상황이나 행위보다는 뒤 상황이나 행위가 차라리 나음을 의미하는데 뒤의 상황, 행위도 썩 만족스럽지는 않은 경우이며, 따라서 뒤 문장에 '차라리'나 '아예' 등과 자주 어울려 쓰인다.

- 남이 먹다 남긴 음식을 먹느니 차라리 굶겠다.
- 모르면서 아는 척 하느니 부끄럽지만 아예 모른다고 솔직하게 말하겠다.
- 이렇게 나쁜 성적으로 진급을 하느니 차라리 유급을 하는 게 어떨까?
- 앓느니 죽지!.

02 -을지라도/ㄹ지라도

앞 문장과 같은 어려움이나 바람직하지 못한 상황이 예상되지만 그것을 감수하고 뒤 문장의 상황을 선택하겠다는 의지를 말할 때 쓴다.

- 아무리 큰 어려움이 있을지라도 포기하지 않겠다.
- 비록 좋은 결과를 얻지는 못할지라도 끝까지 최선을 다할 생각이다.
- 부모님이 반대하실지라도 저는 이 사람과 꼭 결혼하고 말 거예요.
- 그가 나를 떠난다 할지라도 원망은 하지 않을 거다.

03 -는다거나/ㄴ다거나/다거나

여러 가지 사실을 예로 들어 나열할 때 쓴다.

- 나는 아버지 구두를 닦는다거나 어머니 일을 돕는다거나 해서 용돈을 벌고 있다.
- 하루 종일 집에서 뒹군다거나 좋아하는 영화를 본다거나 하면서 주말을 보낸다.
- 과장님은 아침을 못 먹었다거나 아침에 지하철에 사람이 많았다거나 하면 꼭 우리에게 짜증을 낸다.
- 수업에 늦을 것 같다거나 날씨가 흐리다거나 할 때 학교에 가기 싫어진다.

04 -는 데

'-는 것', '-는 때', '-는 경우', '-는 상황'을 의미하며 주로 효과가 있다/없다, 효과적이다, 필요하다, 필수적이다, 중요하다, 도움이 되다 등과 같이 쓰인다.

- 김치의 각종 재료와 양념은 암을 예방하고 비만을 억제하는 데 효과가 있다.
- 요즘 취직을 하는 데 필수적인 조건은 외국어 실력과 컴퓨터 실력이다.
- "파이팅"하고 크게 소리를 지르는 것은 용기를 내는 데 도움이 되는 것 같다.
- 서로 간의 믿음이야말로 좋은 관계를 오래도록 유지하는 데 중요하다고 본다.

제2과 **더불어 사는 사회**

01 지역이기주의의 극복

학습 목표 ● 과제 지역이기주의 현상에 대해서 알아보기, 신문기사 요약하여 발표하기
● 문법 -어 주십사 하고, -었던들 ● 어휘 지역이기주의

위의 사진에서 사람들은 무엇을 하고 있습니까?
이와 같은 상황은 왜 발생하겠습니까?

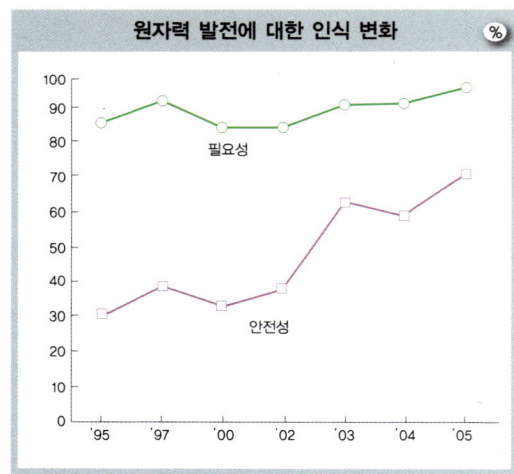

1) 이 표를 통해 무엇을 알 수 있습니까?

2) 이러한 변화가 일어나는 이유는 무엇이겠습니까?

대화

🔊 CD1:06~07

구청장	오늘 공청회는 구민 여러분께 화장장 건립에 대해 이해를 구하고 이 계획에 협조해 주십사 하는 취지에서 열리게 되었습니다.
정희	먼저 화장장을 세워야 할 필요성에 대해 알고 싶은데요.
구청장	여러분도 아시다시피 최근 10여 년간 급속도로 화장이 늘고 있지만 화장시설과 납골 시설은 상당히 부족합니다. 시설 건립과 확장이 시급한 상황입니다.
민철	보다 일찍부터 장례문화의 변화를 예측하고 준비했던들 지금과 같은 급박한 상황에 이르지는 않았을 텐데요.
정희	그런데 왜 하필이면 우리 구에 화장장을 설치해야 하는 겁니까?
구청장	현재 우리 구민의 약 60%가 화장을 희망하고 있는 것으로 나타났습니다. 우리 구에 화장장을 유치할 경우, 이용료의 부담도 줄고 정부에서 지원을 받아 공공시설도 확충할 수 있다는 이점이 있습니다.
민철	아무리 그렇다 하더라도 소각할 때 유해 물질이 발생할 것은 뻔한 일입니다. 그로 인한 환경피해도 피할 수가 없고요.
구청장	그래서 위치를 주거지역에서 가능한 한 먼 곳으로 선정할 계획입니다. 또 오염물질과 악취가 발생하지 않도록 최첨단 시설을 갖추고 공원형으로 건립하여 혐오시설이 아닌 생활편의시설로 인식되도록 하겠습니다. 여러분의 많은 협조를 부탁드립니다.

01 이 사람들은 무엇에 대해서 이야기하고 있습니까?

❶ 공청회　　　❷ 환경오염　　　❸ 공원 확충　　　❹ 화장장 건립

02 주민들이 우려하는 문제는 무엇입니까?

03 화장장 외의 다른 혐오시설로는 무엇이 있습니까? 보기와 같이 이야기해 보십시오.

[보기] 또 다른 혐오시설로는 핵폐기물 처리장을 들 수 있습니다. 핵폐기물 처리장은 방사능을 발생시켜서 공기나 물, 또는 사람의 신체 등을 오염시킬 수 있습니다. 방사능은 인체에 해를 많이 끼치고 치사율도 높다고 합니다.

공청회　화장장　건립　취지　납골 시설　하필이면　유치하다
확충하다　소각하다　유해 물질　선정하다　악취　혐오시설

어휘 지역이기주의

01 다음 표현을 익히고 질문에 답하십시오.

(가)	(나)
님비 현상 혐오시설 시위 분쟁 갈등	기피하다 유치하다 벌이다 발생하다 유발하다 조정하다

1) (가)에서 알맞은 표현을 찾아 빈 칸을 채우십시오.

화장장, 핵폐기물 처리장, 쓰레기 매립장 등 (   )을/를 자신들이 살고 있는 지역에 유치하는 것을 반대하는 주민과 정부와의 (   )이/가 지역이기주의의 구체적 사례들이다. 이러한 '내 뒷마당에서는 안 된다'는 지역이기주의를 (   )이라고/라고 부르기도 한다.

2) (나)에서 알맞은 표현을 찾아 빈 칸을 채우고 님비 현상의 사례로 볼 수 있는 것에 표시하십시오.

기사 내용	님비 현상
❶ 경기도 안산시와 주민들 사이에 쓰레기 소각장 건설문제로 분쟁이 ( ) 었다/았다/였다.	✔
❷ 부산시와 대구시는 대기업 자동차 공장을 자기 지역에 ( )으려고/려고 치열한 경쟁을 하고 있다.	
❸ 서울시는 지난 2001년 월드컵경기장 선정문제를 놓고 인천시와 유치 경쟁을 ( )었다/았다/였다.	
❹ 묘지공원과 화장장 등은 오폐수와 쓰레기로 인해 물이 오염될 뿐 아니라 차량 증가로 소음까지 발생한다고 주민들이 ( )는 시설의 하나이다	
❺ 시민단체가 시와 주민 사이의 의견 차이를 ( )어/아/여 분쟁을 해결하 였다.	

02 위의 단어들을 사용하여 여러분이 알고 있는 지역이기주의의 예를 들고 해결방안에 대해서 이야기해 보십시오.

[보기] 어느 지역에서 시립 화장장이 좁아 넓히려는 계획이 있었대요. 그런데 주민들이 반대하는 바람에 분쟁이 발생했고 이것을 해결하기 위해 공무원들은 자체적으로 공식적인 모임을 여러 번 가지는 한편 주민들을 위한 설명회와 공청회도 17 차례나 실시해서 결국 추모공원 사업을 할 수 있게 되었대요. 대화와 타협이 갈등을 해결한 것이죠.

문법

01 다음을 읽고 문법 및 표현을 익혀 봅시다.

친애하는 구청장님!

이웃 서초구가 확장계획을 추진하고 있는 화장장이 우리 주민들의 의사와 관계없이 우리 구와 인접한 곳으로 결정되었습니다. 우리 구 주민들은 이로 인해 재산권, 환경권 등에 막대한 피해가 발생할 것을 우려하여 서초구의 결정에 반대합니다. 장소를 선정하는 과정에서 우리 주민들의 의견을 묻고 미리 협의를 **했던들** 지금과 같은 분쟁 상황이 발생하지는 않았으리라 생각됩니다. 우리 지역 주민들은 일방적이고 비민주적인 방법으로 사업을 추진하고 있는 서초구의 방식을 받아들일 수가 없습니다. 구청장님께서 주민들의 이러한 의견을 파악하셔서 확장계획을 재검토하도록 **힘써 주십사 하고** 이 의견서를 제출합니다.

구민 대표 정민철 올림

-어/아/여 주십사 하고

1) 다음을 연결하고 보기와 같이 이야기해 보십시오.

"장애인 학교의 설립을 도와 주십시오"   ●   ● 무료식사권을 드리는 겁니다

"우리 식당에 자주 와 주십시오"   ●   ● 시사회초대권을 드리는 거예요

"저희 결혼식의 주례를 봐 주십시오"   ●   ● 견본품을 증정하는 겁니다

"제가 출연한 영화를 보러 와 주십시오"   ●   ● 설명회를 개최하게 되었어요

"저희 회사 화장품을 애용해 주십시오"   ●   ● 부탁드리러 왔습니다

[보기] 장애인 학교의 설립을 도와 주십사 하고 설명회를 개최하게 되었어요.

-었던들/았던들/였던들

2) 빈 칸을 채우고 보기와 같이 문장을 쓰십시오.

과거의 사실	현재의 결과
[보기] 화장장 유치를 반대했다	3배 정도 비싼 사용료를 다른 지역에 지불한다
❶ 돈을 물 쓰듯 썼다	지금처럼 사고를 당했을 때 병원비가 부족하다
❷ 눈이 오는 날 높은 구두를 신었다	
❸ 평소에 건강에 신경 쓰지 않았다	건강이 나빠졌다
❹ 도박에서 손을 떼라는 친구의 충고를 듣지 않았다	

[보기] 화장장 유치를 반대하지 않았던들 3배나 비싼 사용료를 다른 지역에 지불하지 않아도 됐을 텐데….

❶ _____.
❷ _____.
❸ _____.
❹ _____.

02 지금 후회하고 있는 일의 반대 상황을 가정하여 보기와 같이 이야기해 보십시오.

후회되는 일	상상할 수 있는 상황
10년간 다니던 직장을 그만두었다	지금쯤 부장이 되어서 높은 연봉을 받을 것이다

[보기] 대학을 졸업하자마자 대기업에 취직을 했습니다. 하지만 10년간 다니다가 내 사업을 해 보겠다고 사표를 냈지요. 50대가 된 지금 내 입사동기들은 대부분 부장이 되어 억대 연봉을 받고 있지만 나는 경기가 나빠 사업이 마음먹은 대로 되지 않아 후회를 합니다. '그 때 그만두지 않았던들 나도 높은 연봉을 받으면서 편히 살고 있을 텐데.' 하고 말입니다.

과제 1   듣고 말하기 [CD1:08]

01 다음을 듣고 질문에 답하십시오.

1) 이 뉴스는 무엇에 대한 것입니까?

❶ 지역이기주의의 뜻   ❷ 지역이기주의를 극복한 사례

❸ 쓰레기 소각장 건립의 필요성   ❹ 쓰레기 소각장 건립의 어려움

2) 쓰레기 소각장을 유치하려는 경쟁이 벌어진 이유는 무엇입니까?

❶ 주민들이 소각장의 건립 필요성을 실감했기 때문에

❷ 지방 자치 단체가 재정적으로 여유가 있었기 때문에

❸ 시 당국이 후보지역에 유리한 조건을 제시했기 때문에

❹ 환경보호에 좋은 영향을 끼칠 것이라고 판단했기 때문에

3) 소각장 유치 지역으로 선정될 경우의 혜택으로 언급되지 않은 것은 어느 것입니까?

❶ 일자리 증가   ❷ 온수 무료 공급

❸ 지역개발 지원금 보조   ❹ 유치 지역으로 공공기관 이전

02 만일 여러분이 사는 곳에 이러한 시설이 들어온다면 여러분은 어떻게 하겠습니까? 여러분의 의견을 이야기해 보십시오.

시설명	찬성	반대	이유
초등학교			
쓰레기 소각장			
핵 폐기물 처리장			
복합 문화관			
노인 요양 시설			

과제 2　신문 기사 요약하여 발표하기 ●

기능 표현 익히기

· **이것은** 2007년 12월 30일자 국민 **신문** 사회**면에** 나온 **기사입니다.**

· 이 기사**에 의하면/이 기사에 따르면** 한국이 실질적 사형 폐지국가가 되었**다고 합니다.**

· 지난 30일**에** 서울 여의도 국회의사당 앞마당**에서** 종교, 인권, 시민단체 관계자들**이** 참석하여 '사형폐지국가 기념식'**이 열렸습니다.**

· 이 기사**에 나타난 것과 같이/이 기사에서 보다시피** 최근 10년 동안 우리나라에서 한 번도 사형이 집행되지 않았습니다.

· **이 기사를 읽고** 현실적으로 실행되고 있지도 않은 이 제도는 당연히 폐지되어야 **한다고 생각했습니다.**

01　다음 기사를 읽고 요약하여 발표해 보십시오.

서울시, 차로 줄여 자전거길 만든다

―양천 · 송파 · 노원구 중 2곳 '자전거 시범마을' 조성… 6월부터 공사

　자전거를 이용해 아파트, 학교, 쇼핑센터, 지하철 등 생활권 내에서 편리하게 이동할 수 있는 자전거 시범타운이 올해 안에 만들어진다.

　서울시는 시민들이 일상생활에서 자전거를 더 많이 이용하도록 하기 위해 올해 안에 양천구, 송파구, 노원구 중 2곳에 반경 3㎞ 규모의 자전거 시범타운을 조성할 예정이라고 22일 밝혔다.

　시범타운은 자전거 교통수요가 많은 곳이나 자전거 교통량을 증가시킬 수 있는 곳, 자전거 도로 등의 관련 시설의 설치가 가능한 지역 중에서 선정된다.

　시범타운으로 지정되면 시는 자전거도로를 추가로 정비해 주고, 자전거 보관대와 주차장을 설치하는 한편

자전거 무료 대여소 등도 만들 계획이다.

　자전거 도로가 보도에 설치돼 시민들이 보행에 불편을 겪고 있는 점을 고려해 시는 시범타운 내에서는 원칙적으로 차도에 자전거도로를 설치할 방침이다. 서울시는 경찰과 협의를 통해 차로 수는 유지하면서 차로 폭을 줄인 뒤 기존 차로에 자전거도로를 만들고 자전거 이용자들의 안전을 위해 차도와 자전거도로 사이에 경계석을 설치하거나 차로의 폭을 줄일 수 없는 곳의 경우 차로의 수를 줄여 자전거도로를 설치하기로 했다.

　시는 다음 달까지 시범타운을 선정하고 6월부터 10월까지 공사를 실시할 예정이다

[국민신문 사회면 2008/03/22]

1) 요약하기

요약 항목		요약 내용
기본 정보	날짜	
	신문이름	
	면	
주제		친환경
중심내용		
세부 내용	언제	6월~10월
	어디서	
	누가	서울시
	무엇을	
	왜	
	어떻게	조성하겠다

2) 자기 의견 정리하기

저는 이 기사를 읽고 _____ 이라고/라고/다고/는다고/ㄴ다고 생각했습니다.

3) 질문 사항 만들기

여러분은 _____ 에 대해서 어떻게 생각합니까?

02 시사적인 기사를 골라 위의 방법으로 발표해 보십시오.

02 기업 이윤의 사회 환원

학습 목표 ● 과제 기업의 사회봉사활동에 대해서 의견 나누기, 신문기사 작성하기
● 문법 –으면 몰라도, –겠거니 하고 ● 어휘 기업의 공헌

위의 사진은 무엇을 하는 장면입니까?
기업들은 왜 이런 일을 할까요?

▲▲ 통신의 '어린이 찾아주기'

일성과 함께 하는 아름다운 하루

사랑의 별

나눔의 별

*아름다운 가게와 함께하는
일성주식회사 **사회봉사단 10주년 기념 바자회**

– 일시 : 2007년 12월 20일 오전 10시 30분~오후 4시
– 장소 : 일성일보 본사 주차장
– 판매물품 :
　일성 계열사 임직원 기증품/ 일성 광고 소품/일성 스포츠 선수 기증품
/ 일성 패션 의류 / 일성 전자제품
(*'아름다운 가게'에서는 헌 물건을 기증받아 판매하고 그 수익금으로 어려운
이웃과 단체를 돕고 있습니다)

1) 위 그림은 기업들의 사회봉사활동 광고입니다. 어떤 봉사활동입니까?

2) 위 두 기업의 경우 기업의 성격과 봉사활동의 내용 사이에 어떤 관계가 있다고 생각합니까?

대화

🔊 CD1:09~10

민철 정희 씨, 어제 특집 방송 '기업 이윤 어디로 가나'보셨어요? 국내 기업들도 이제는 이윤을 사회에 환원하려고 여러 모로 노력하고 있더라고요.

정희 아, 네. 요즘 기업들마다 특색 있는 행사를 다양하게 벌인다고 들었어요. 저소득층 서민을 위해 어린이 공부방을 만들어서 직원을 교사로 파견하는 곳도 있고 무료 급식시설을 마련하여 직원들이 직접 봉사활동을 하는 기업도 있다더군요.

민철 한 화장지 회사는 나무심기를 비롯한 환경 보존 사업을 펼치고 있고 어떤 전자 제품 회사는 지역발전을 위해 문화예술 행사를 지원하기도 하던데요.

정희 그런데 그런 건 사회를 위해서도 바람직하지만 회사 이미지에도 상당히 긍정적인 영향을 미치지요? 물건이 품질에서 뚜렷하게 차이가 나면 몰라도 별 차이가 없다면 역시 좋은 이미지의 회사 물건에 끌리게 마련이잖아요.

민철 그러고 보니 기업은 기업대로 이윤을 올려서 좋고 소비자는 소비자대로 그 회사 제품을 구입함으로써 간접적으로 사회에 공헌하게 되니까 모두에게 좋은 일이네요.

정희 이제는 기업과 소비자가 같이 사회 발전을 이루어가야 하는 시대예요. 내가 아니라도 누군가 하겠거니 하고 그냥 보고만 있어선 안 되죠.

민철 그런 의미에서 기업들도 눈앞의 이익에만 급급하지 않고 사회적 책임의 차원에서 봉사활동에 적극 참여하고 있는 것이 아니겠습니까?

01 두 사람은 무엇에 대해서 이야기하고 있습니까?

❶ 기업 이윤의 사회 환원　　　　❷ 기업의 권리와 책임
❸ 기업의 상품 판매 전략　　　　❹ 기업과 개인의 역할

02 사회봉사활동을 많이 하는 기업의 제품을 구입하면 좋은 점은 무엇입니까?

특집　이윤　환원하다　저소득층　파견하다　급식시설　펼치다　바람직하다　공헌하다　급급하다　차원

03 여러분이 알고 있는 기업들의 사회봉사활동에 대해서 보기와 같이 이야기해 보십시오.

회사이름	업종	국가	사회공헌활동	특기 사항
GE	전기제품 회사	미국	세계적인 자원 봉사조직 운영	자원봉사조직은 승진에 필수적인 코스로 여겨짐.
MS	소프트웨어 회사	미국	기업, 단체, 대학 등에 기부금 제공	저개발국의 어린이들을 위한 전염병 백신 개발, 배포 활동도 병행함.

[보기] 세계적으로 유명한 전기제품 회사 GE는 세계적인 자원봉사 조직을 갖고 있어요. 그런데 이 봉사 조직은 승진에 필수적인 코스여서 회원으로 활동하지 않으면 고위직으로 올라갈 수 없을 정도래요

어휘 기업의 공헌 ●

01 다음 표현을 익히고 질문에 답하십시오.

(가)	(나)
사회적 책임	지원하다
사회 환원	기여하다
일자리 창출	이바지하다
사회봉사단	기증하다
구호 활동	기부하다
바자회	기탁하다

1) (가)에서 알맞은 표현을 찾아 빈 칸을 채우십시오.

일성그룹은 무료 급식센터를 설립하고 취업에 어려움을 겪는 사람들을 직원으로 채용하여 700여 개의 (   )을/를 계획하고 있다. 또한 회사 차원에서 (   )을/를 조직하여 다양한 활동을 벌이고 있는데 직원들이 기증한 자사 제품을 판매하여 그 수익금을 어려운 이웃을 위해 쓰고자 (   )을/를 열거나 국외에서는 지진 발생지역에 직접 가서 (   )에 참여하기도 한다.

최근 이처럼 기업들이 이윤의 (   )에 적극적으로 힘쓰는 것은, 이제는 이윤만 올리려고 해서는 기업이 성공할 수 없으며 사회에 적극적으로 공헌함으로써(   ) 을/를 다해야 한다는 인식에서 비롯된 것이다.

2) 밑줄 친 부분과 같은 의미의 표현을 (나)에서 찾아 쓰십시오.

❶ 그 회사 사장은 해마다 10억 이상을 장학재단에 <u>내고</u> 있다.

(   )

❷ 일성그룹은 이미 시민단체가 운영하고 있는 공부방 시설에 대해서도 경영면에서나 재정적인 면에서 <u>도와줄</u> 계획이다.

(   )

❸ 어떤 대형 할인 매장은 지역의 특성에 맞춰 봉사활동을 함으로써 지역 발전에 <u>공헌하고</u> 있다.

(   )

02 여러분은 어떤 나눔 활동을 해 보았습니까? 또는 어떤 활동을 해 보고 싶습니까? 위의 표현을 사용하여 보기와 같이 이야기해 보십시오.

[보기] 제가 다니던 초등학교는 1년에 두 번 큰 바자회를 했어요. 쓰지 않게 된 장난감이나 다 읽은 책, 작아서 입을 수 없는 옷 같은 것을 학교에 가지고 가서 아주 싼 값으로 파는 거예요. 제가 소중하게 쓰던 물건이 다른 사람에게 팔리면 참 뿌듯했어요. 남에게 다시 소중하게 쓰이면 그 사람에게 기쁨도 주고 그 물건의 생명도 더 길어지는 거잖아요.

문법

01 다음을 읽고 문법 및 표현을 익혀 봅시다.

> 예전엔 '봉사'라든지 '나눔'이라든지 하는 말을 들어도 나하고는 거리가 먼 이야기라고만 여겼었다. 봉사나 나눔은 남을 위해 자신을 희생할 각오가 되어 있거나 경제적으로 다른 사람보다 여유가 많아서 남에게 베풀 수 있는 **사람이면 몰라도** 나같이 특별한 재주도 능력도 없는 사람은 불가능한 일이라고 생각했던 것이다. 아니, 어쩌면 굳이 내가 하지 않아도 누군가 나서서 **하겠거니 하고** 남에게 미루고 싶었는지도 모르겠다. 그런데 친구를 따라 우연히 갔던 장애인 시설에서 나는 경험했다. 내 작은 도움이 얼마나 큰 의미가 될 수 있는지……. 혼자서는 자유롭게 움직이기 어려운 이들의 손발이 되어주면서 나눔은 먼 데 있는 것이 아니라 바로 내 옆에 있다는 것을 실감했다.

▪ -으면/면 몰라도

1) 다음을 연결하고 보기와 같이 이야기해 보십시오.

회사 차원에서 참가하다 ●	● 직장인이 혼자서 시간을 내어 봉사활동 하기란 쉬운 일이 아니다
어르신들이 오지 말라고 하시다 ●	● 그렇게 힘들게 일을 시키는 회사에는 가고 싶지 않습니다
월급을 지금의 10배쯤 주다 ●	● 1시간씩이나 기다려서 식사를 할 생각은 없어
무료로 먹게 해 주다 ●	● 가능한 한 자주 양로원에 가서 봉사활동을 하고 싶어요
서울에 아주 좋은 일자리가 생기다 ●	● 고향에서 부모님 모시고 살고 싶어요

[보기] 회사 차원에서 참가하면 몰라도 직장인이 혼자서 시간을 내어 봉사활동을 하기란 쉬운 일이 아니다.

–겠거니 하고

1) 다음을 연결하고 보기와 같이 이야기해 보십시오.

[보기] 가: 이번 바자회 행사가 생각보다 홍보가 덜 돼 있는 것 같아. 예상보다 신청자가 많지 않던데.
나: 네? 그렇습니까? 사람들이 신문을 보고 다 알겠거니 하고 걱정을 별로 안 했는데요.
가: 요즘 사람들이 신문을 별로 안 보잖나? 이제라도 다른 방법을 써야겠어.

❶ 가: 네가 새로 샀다는 이 가방, 안이 찢어졌는데 알고 있었어?
나: 뭐라고? _____
가: 아무리 유명회사 수입품이라도 물건의 품질을 잘 확인하고 사야지.

❷ 가: 미선아! 김치찌개가 왜 이렇게 싱거워?
나: _____
가: 김치가 짜긴 하지만 아무리 그래도 이렇게 물을 많이 넣으면 무슨 맛으로 먹겠니?

❸ 가: 김 부장! 계획서 다시 해 오게. 행사 기간이랑 비용 계산이랑 다 엉터리야.
나: _____
가: 이 과장이 아무리 꼼꼼해도 부장인 자네가 다시 잘 검토해야 할 것 아닌가?

❹ 가: 음식의 양을 어떻게 이렇게 딱 맞게 준비했어?
나: _____
가: 아무리 손님을 많이 치러도 그렇지 모자라지도 않고 남지도 않게 이렇게 정확하게 하기는 어려운 법인데 말이야. 아주 알뜰한 주부인가 봐.

02 다음 표를 채우고 위의 두 표현을 사용하여 보기와 같이 이야기해 보십시오.

고민의 계기	고민의 내용	상황 가정	현실상황 판단	결론
월급이 많은 걸로 유명한 대기업의 구인 광고를 보았다	회사를 옮길까?	새 직장으로 옮겨도 지금처럼 마음이 맞는 동료들과 자유롭게 일할 수 있을까?	10년째 다녀서 익숙한 지금 직장이 제일 편할 것이다	더 이상 고민하지 않기로 했다
❶ 다른 학원에 다니는 친구가 같이 다니자고 자꾸 조른다	친구가 다니는 학원으로 옮길까?		우리 선생님만큼 잘 가르치는 선생님은 없다	
❷ 친구가 다른 남자(여자)를 소개해 줄 테니 한 번 만나보라고 했다		소개받을 여자(남자)가 완전한 이상형일까?	나를 공주(왕자)처럼 모셔주는 지금 남자친구(여자친구)가 최고다	
❸ 요즘 너나 할 것 없이 다이어트한다고들 야단이다	나도 남들처럼 살을 빼기 위해 굶어야 할까?	굶어서 살을 빼도 지금의 건강이 유지될까?		굶는 다이어트는 안 하기로 했다

[보기] 월급이 많은 걸로 유명한 대기업에서 경력사원을 뽑는다는 광고를 보고 얼마동안 고민을 했었다. 그렇지만 지금 직장처럼 마음이 맞는 동료들과 자유로운 환경에서 일할 수 있으면 몰라도 10년째 즐겁게 다닌 지금 직장이 내 적성에 제일 맞는 곳이겠거니 하고 더 이상 고민하지 않기로 했다.

다음을 읽고 질문에 답하십시오.

우리랑, 아름다운 하루, 연탄 한 장, 돼지 저금통, 김밥 데이, 월급 1%… 이들의 공통점은 무엇일까?

그것은 바로 일성 직원들의 연말 나눔 행사들과 관련된 용어들이다. '우리랑'은 본사 여직원 동아리로 해마다 연말에 자선 바자회를 개최하고 있다. 올해는 바자회 10년째를 맞아, 보다 적극적으로 나눔을 확산하고 공유하자는 취지로 '아름다운 가게'와 협력해 20일 자선 바자회를 열었다. 그래서 이른바 '아름다운 하루'가 됐다.

'연탄 한 장'은 일성 본사의 봉사 동아리로 설립 2년 만에 300여 명의 본사 직원 중 70여 명 이상이 참여하는 규모로 발전했다. 이 동아리의 맹 열 회장은 "동아리 이름은 안도현 시인의 시에서 모티브를 얻어 지었는데 연탄은 일단 제 몸에 불이 옮겨 붙었다 하면 하염없이 뜨거워지는 것이 특징"이라면서 "처음에 여섯 명의 회원이 많은 사람들의 봉사하는 마음과 열정이 뜨거워지기를 소망하면서 만들었다"고 말했다.

이들은 새해에 돼지저금통을 나눠 가졌다가 연말에 모아서 불우이웃 돕기에 사용한다. 전미선 회원은 "저금통을 모으는 날을 '돼지 잡는 날'이라고 부르는데 정해진 날에 저금통을 깨서 불우이웃 돕기에 사용하게 된다"며 "연말을 맞아 23일에는 '김밥데이'도 기획하고 있다"고 말했다. 이날 동아리 회원들은 김밥을 만들어 직원들에게 판매하고 그 수익금을 소년소녀가장 돕기에 보탠다는 계획이다.

이러한 직원들의 나눔 활동은 동료애에서도 남다르다. 군포공장의 경우, 아이가 백혈병을 앓고 있는 동료를 돕기 위해 '월급 1% 나누기' 운동이 벌써 두 달째 진행되고 있다.

일성의 홍보팀장은 "저희 회사가 기업의 사회적 책임과 함께 사회공헌을 강조하는 문화가 있다 보니 직원들이 나눔 문화에 적극적인 것 같다"며 "지식과 기부는 나눌수록 가치가 커지기 때문에 요즘 같은 때에 우리 회사 직원들의 작은 나눔 물결이 우리 사회에 많이 확산됐으면 좋겠다"고 덧붙였다.

01   위 글은 무엇에 대한 것입니까?

❶ 어느 기업의 사업 성공 전략

❷ 어느 기업의 다양한 복지 제도

❸ 어느 기업의 다양한 봉사활동

❹ 어느 기업 직원들의 취미 활동

02 동아리 이름인 '연탄 한 장'은 어떻게 해서 지어지게 되었습니까?

03 위 기업 직원들의 활동과 관계가 있는 다음 용어들은 무엇을 의미합니까?

용어	의미하는 것
돼지잡는 날	
김밥데이	
월급 1% 나누기	

04 위 기업 직원들이 위와 같은 활동에 적극적으로 참여하는 이유는 무엇입니까?

05 위 글에서 소개된 것 외에 기업이 하는 사회봉사활동에는 어떤 것이 있을까요?

06 여러분이 기업의 대표라면 어떤 사회봉사활동을 하겠습니까? 그 이유는 무엇입니까?

과제 2 신문기사 작성하기 ●

기능 표현 익히기

· 기상청**에 따르면/기상청에 의하면** 강원 영동 일부지방에는 주말과 휴일에도 최고 20cm의 눈이 더 내릴 것**이라고 한다.**

· 교육과학기술부**는** 수능 성적이 학교별로 공개되면 전국 학교의 서열화로 인한 과열경쟁 등의 부작용이 발생한다고 **밝혔다.**

· 지난해 시작된 '서울 차 없는 날', 올해는 출근시간대 모든 버스는 물론 수도권 지하철까지 무료로 이용할 수 있게 돼 시민 참여폭이 더욱 커질 **전망이다/것으로 보인다/것으로 예상된다.**

· 영국 하트퍼드셔대의 연구 **결과,** 새해 결심 중 '담배를 끊겠다'는 결심이 가장 성공하기 어려우며 조사 대상의 75% 가량이 1년 후 담배를 다시 피우는 **것으로 밝혀졌다/나타났다/드러났다.**

01 다음의 정보를 이용해서 기사를 완성하고 대제목을 붙여 보십시오.

기사의 날짜와 게재신문 이름과 면
– 2008년 2월 10일자 국민신문 사회면

세부 내용
언제　　– 지난 3일
어디서　– 공동모금회 전북지회
누가　　– 전주 연세 초등학교 6학년 6반 이정숙 선생님과 5명의 학생들
무엇을 – 33명의 학생 전체가 10개월 동안 자발적으로 폐지와 용돈 등을 모은 금액 10만원
왜　　　– 어려운 이웃을 돕고 싶어서
어떻게 – 사회복지 공동모금회에 전달했다.

[대제목] ....

[소제목] –초등생 고사리 손으로 폐지 모아…

[2008년 2월 10일 국민신문 박미선 기자]

[전문] 전북 전주 ＿＿＿＿＿＿＿＿＿＿＿＿ 이/가 ＿＿＿＿＿＿＿＿＿＿＿＿ 을/를
＿＿＿＿＿＿＿＿＿＿＿＿ 어 달라고 ＿＿＿＿＿＿＿＿＿＿＿＿ 해
훈훈한 감동을 주고 있다.

[본문] 지난 ＿＿＿＿＿＿＿＿ 전주 연세 초등학교 6학년 6반 이정숙 선생님과 5명의 학생들이
＿＿＿＿＿＿＿＿＿＿＿＿＿＿＿＿＿＿＿＿＿＿＿ 을/를
＿＿＿＿＿＿ 에 전달했다.

[부연] 나눔 활동에 참여한 1학기 학급 대표 이영현 군은 "처음에는 폐지를 모아 오라는 말에 무척 귀찮았지만 티끌 모아 태산처럼 금액이 조금씩 늘어갈 때 너무 기분이 좋았다. 사랑의 열매를 통해 어려운 사람들을 위해 사용한다는 말씀을 들으니 행복해진다"며 "중학교에 진학해서도 이웃사랑에 앞장서는 학생이 되겠다"고 말했다.

02 기사의 본문을 읽은 후에 전문을 작성하고 제목을 붙여 보십시오.

[제목] ＿＿＿＿＿＿＿＿＿＿＿＿＿＿＿＿＿＿＿＿＿＿

[2008년 1월 7일 연세신문 박미선 기자]

＿＿＿＿＿＿＿＿＿＿＿＿＿＿＿＿＿＿＿＿＿＿＿＿＿
＿＿＿＿＿＿＿＿＿＿＿＿＿＿＿＿＿＿＿＿＿＿＿＿＿
＿＿＿＿＿＿＿＿＿＿＿＿＿＿＿＿＿＿ 을/ㄹ 전망이다.

1974년 서울지하철 1호선 개통 이후 33년여 동안 '종이 승차권'이 사용되어 왔다. 그러나 지난해 상반기 승차권 종류별 이용률을 살펴보면, 종이 승차권을 이용한 승객은 6.9%에 불과했다. 반면 정기권을 포함한 선·후불 교통카드의 이용률은 2006년 79.5%에서 지난해 80.3%로 늘어나는 등 매년 꾸준히 증가하고 있다. 이처럼 교통카드 사용률이 증가함에 따라 서울시는 승차권 폐지를 검토하게 된 것이다.

한편 정부 측도 '교통카드 일원화'를 추진 중이다. 건설교통부는 코레일·서울메트로 등이 발급 중인 종이승차권을 폐지하고 전국 단위 선불 교통카드를 도입하는 방안을 추진하고 있다. 종이승차권은 완전히 사라지고, 통합 교통카드를 소지하지 않은 승객은 이와 동일한 기능의 일회용 카드를 이용하게 한다는 것이다.

03 기사의 전문을 읽고 본문을 써 보십시오.

광복절 특사 절도범 다시 '철창행'

[2008년 1월 6일 연세신문 박미선 기자]

　대전 중앙경찰서는 지난달 31일 새벽 대전 중앙구 모 유흥주점에서 자신을 고교선배라면서 접근해 피해자들의 승용차와 신용카드, 귀금속 등을 훔친 혐의(상습 절도)로 최모(32)씨에 대해 7일 구속영장을 신청했다.

　경찰에 따르면

　강도 상해죄로 6년형을 복역하다 지난해 8.15 광복절 특사로 출감한 최 씨는

것으로 경찰조사 결과 드러났다.

04 기사문 작성 방법에 따라 직접 기사를 써 보십시오.

03 정리해 봅시다

I. 어휘

01 빈 칸에 알맞은 표현을 쓰십시오.

건립	취지	악취	시위	이윤	공헌	환원	분쟁	파견
공청회	화장장	납골 시설	혐오 시설	급식 시설	유해 물질	저소득층		

지역이기주의 → 일례   (　　　　　　　) 기피 현상

↓ 예

(　　　　, 　　　)

↓ 문제점

(　　　　, 　　　)이/가 발생한다

↓ 주민의 반대

(　　　　　　)을/를 벌인다

↓ 지방자치단체의 노력

1. (　　　　　) 을/를 개최한다
2. (　　　　　) 장소를 신중히 선정한다

↓ 시민단체의 노력

(　　　　　) 을/를 조정한다

↓ 주민들의 자세

관용과 타협의 정신으로 대화에 참여한다.

기업의 사회적 책임 → 기업 (　　　　) 의 사회(　　　　)

실천 방법   ↓ 사례

1. (　　　　　) 서민 자녀에게 공부방 지원, 교사 (　　　　)
2. 결식 아동을 위한 무료 (　　　　) 설립
3. 나무 심기
4. 문화 행사 지원

↓ 결과

1. 기업 이미지 향상
2. 기업의 사회 (　　　　)

02 다음을 연결하고 보기와 같이 문장을 만드십시오.

[보기] 기업 이윤   ●   ● 기부하다

1) 시위   ●   ● 환원하다

2) 분쟁   ●   ● 급급하다

3) 전 재산   ●   ● 기여하다

4) 사회 발전   ●   ● 조정하다

5) 사사로운 이익   ●   ● 벌이다

[보기] 기업들은 사회적 책임을 다하기 위해 이윤을 사회에 환원합니다.

II. 문법

알맞은 문법을 골라 보기와 같이 이야기를 완성하십시오.

| -었던들/았던들/였던들 | -어/아/여 주십사 하고 | -으면/면 몰라도 | -겠거니 하고 |

[보기] 어제는 유난히 커피를 많이 마셨다. 출근길에 커피 전문점을 지나면서 유혹적인 커피 향에 이끌려 한 잔. 신제품 아이디어를 내야 하는 회의 전에는 긴장감 때문에 또 한 잔. 퇴근 후 오랜만에 만난 동창과도 커피를 마셨다. 밤에 나는 잠을 이룰 수가 없었다. 석 잔 정도는 괜찮겠거니 하고 마셨는데... 아무 생각 없이 그렇게 많이 커피를 마시지 않았던들 이렇게 잠이 안 와서 고생하지는 않을 텐데... 하고 정말로 후회했다.

1) 우리 집 문단속은 늘상 맨 마지막으로 집에 돌아오는 내 담당! 그러나 어제는 언니가 맨 마지막이었고 난 일찌감치 잠들었다. 그런데 아침 일찍 출근하려고 보니 대문이 열려 있었다. 그리고 지하실에 있던 내 자전거가 감쪽같이 사라졌다. 도둑이 든 것이다. _____

YONSEI KOREAN 6

2) 아침에 집을 나올 때 어머니께서 우산을 가져가라고 하셨지만 날씨가 괜찮을 것 같아서 듣지 않았다. 그런데 명동에서 쇼핑하던 중 비가 억수같이 쏟아지기 시작했다. _____

_____

3) 드디어 학교를 졸업하고 그간의 꿈을 실현시킬 날이 왔다. 전공을 살리고 자신의 능력을 발휘할 수 있을 기업을 선정해 취직 준비를 시작했다. 내가 지원할 기업은 추천서를 가장 중점적으로 본다는 정보를 들었다. _____

_____

_____

4) 주택 값이 하늘 높은 줄 모르고 치솟는 요즘, 맞벌이를 한다 해도 월급만 모아서 자기 집을 마련하기란 하늘의 별따기이다. _____

_____

_____

Ⅲ. 과제

01 다음 신문 기사들의 제목을 관련 있는 것끼리 연결하고 내용을 이야기해 보십시오.

ㄱ은행, '소년소녀가장 돕기' 봉사활동 •

브레이크 고장난 환율...
뛰는 물가에 기름 붓나 •

서평 쓰고 아이 책 공짜로 받을까 •

집에서 지구 지키는 활동 불편하냐구요?
뿌듯해요 •

담뱃불도 조심!
메마른 봄바람 타고 곳곳 산불 •

• 알뜰 주부 돈 안 들이고
책 구입하기

• 새로운 사회 운동 자리잡는
'환경지킴이 주부'들

• 달러 '너무 빨리 오른다'...
원화의 나홀로 약세 전망

• 건조한 날씨와 강풍...곳곳서 화재

• 활발한 나눔 경영
'함께 가요, 희망으로'

02　다음 기사에 제목을 붙이고 기사 내용에 대한 여러분의 의견을 이야기해 봅시다.

1)

　　사회사업가 김모씨는 평생을 독신으로 살다가 100억 원의 예금을 은행에 맡겨놓은 채 2005년 11월 5일 직계 가족이 없이 숨졌는데, 은행 대여금고에서 자필로 쓴 유서가 발견됐다.

　　유서에는 '본인 유고시 본인 명의의 전 재산을 모 장학재단에 한국 사회사업 발전기금으로 기부한다'는 전문과 연월일(2000년 3월 8일) · 주소 · 성명이 자필로 쓰여 있었지만 날인은 빠져 있었다. 숨진 김씨의 형제와 조카 등 유족은 2005년 12월 은행을 상대로 예금 반환청구소송을 냈고, 해당 장학재단은 유언장을 근거로 유산이 재단의 재산이라며 소송의 독립당사자로 참가했다.

　　1 · 2심 재판부는 "날인이 누락됐다면 효력이 없다"고 판단했고, 대법원도 2008년 9월 8일 원심을 확정하자 해당 장학재단은 한 달 뒤 헌법소원을 냈다.

2)

　　미국 어느 주에서 17~22세의 외국 청년 3명이 두 명의 남자에게 접근해 "대마초를 갖고 있느냐"고 물은 뒤 총을 들고 "가진 것을 다 내 놓으라"며 협박을 했다.

　　노상 강도 혐의로 체포된 이들은 이미 4개월간 감옥생활을 했지만 영어를 못해 법정에서 통역을 써야 했다. 그러자 판사는 "피고들은 미 정부가 일생 동안 통역을 제공할 줄 아느냐"고 반문하고 영어 읽기 · 쓰기 공부를 한다는 조건으로 가석방을 허용했다. 그 대신 1년 뒤 고교 수준의 영어시험을 통과하지 못하면 2년 징역형에 처하도록 했다고 AP통신이 보도했다.

문화

한국의 기부 문화

현대 사회에서 기업의 사회 공헌은 경영전략에서 빼놓을 수 없는 중요한 요인으로 자리 잡았다. 정부는 기업과 개인이 기부금을 낼 경우 기부한 금액만큼 소득공제를 해주고 있다. 그러나 요즈음 한국 기업은 세제상 혜택을 볼 수 있는 기부금 형식이 아닌 사회공헌 활동에 관심을 갖고 있다. 이것은 이윤의 일부를 사회에 내놓은 기업 이윤의 사회 환원과의 조화 속에서 자사의 장점을 발휘할 수 있도록 사회 공헌 활동 영역을 특화시켜 나가고 있다.

울산에 기반을 둔 SK는 울산시 남구 신정동 일대 1,020억 원의 건설비를 투자해 10년에 걸쳐 조성한 110만 평에 달하는 '울산대공원'을 울산시에 기부 헌납했다.

삼성은 사회복지, 문화예술, 학술 및 교육, 자원봉사 등을 통해 사회에 공헌하고 있다. LG는 '함께 잘 사는 사회'를 구호로 내걸고 수혜자들에게 실질적이고도 직접적으로 도움이 되는 공익사업을 하고 있다. 문화, 복지, 교육, 환경, 언론 등 5개 분야별로 나눠 전문화된 공익재단을 통해 수혜자들에게 필요한 사업을 통해 공헌하고 있다. 현대, 기아 자동차는 '사회공헌활동협의회'를 구성해 환경, 사회복지 및 자원봉사, 문화예술, 국제교류, 체육진흥 등 분야별로 사회 공헌 사업을 진행하고 있다.

CJ는 메세나(기업의 문화예술지원)활동에 주력하고 있다. 최근 유라시안 필하모닉 오케스트라에 2년간 10억 원을 후원하기로 했다.

또한 신용카드사들은 고객들이 잘 사용하지 않는 적립 포인트로 이웃을 도우면서 연말정산 때 소득, 세액공제도 받을 수 있는 부가서비스를 선보이고 있다. 현대카드는 고객들이 기부하는 1천만 포인트와 자체 지원금 1천만 원을 합해 '사회복지 모금회'에 기부하여 희귀, 난치병 어린이들을 돕는 'M포인트 기부 캠페인'을 벌이고 있다.

이와 같이 기업의 사회 공헌 활동은 계속될 것이다. 그 이유는 기술력의 차이뿐만 아니라 기업이 어떤 이미지를 갖느냐가 해당기업을 다른 기업과 차별화하는 결정적인 역할을 하기 때문이다. 이러한 기업의 전략적인 기부 문화는 소비자에게 좋은 이미지를 갖게 하고 나아가 기업의 경쟁력을 높이는 중요한 역할을 하게 될 것이다.

1. 한국 기업들의 기부 문화가 활성화되는 이유를 알아봅시다.

2. 여러분 나라의 기부 문화에 대해 이야기해 봅시다.

3. 여러분이 생각하는 이상적인 기부 문화는 무엇입니까? 그리고 앞으로 필요한 기부의 형태는 어떤 것이라고 생각합니까?

01 −었던들/았던들/였던들

지난 사실을 현재와 다르게 가정할 때 쓰는 표현이다. 아쉽거나 후회스러운 일에 쓴다.

- 진작에 준비했던들 이렇게까지 고생하지 않았을 걸.
- 그 때 좀 더 서둘렀던들 비행기를 놓치지 않았을 텐데.
- 술과 담배를 일찍 끊었던들 암으로까지 진행되지는 않았을 텐데.
- 여행을 떠나기 전에 차를 잘 점검했던들 이런 사고는 나지 않았을 거야.

02 −어/아/여 주십사 하고

상대방에게 매우 조심스럽고 공손하게 부탁할 때 쓰는 표현이다.

- 이것은 저희 가게를 자주 찾아 주십사 하고 드리는 선물입니다.
- 제 결혼식에 꼭 와 주십사 하고 청첩장을 드리는 겁니다.
- 어제 새로 개업했는데 꼭 한번 들러 주십사 하고 찾아 왔습니다.
- 새로 시작하는 사업에 투자해 주십사 하고 부탁말씀 드리러 왔습니다.

03 −으면/면 몰라도

어떤 사실에 대해 강한 확신을 나타낼 때 쓰는 표현으로 앞 문장에는 예외적이고 특별한 경우를 가정하는 내용이 온다.

- 너무 매우면 몰라도 보통 한국음식은 다 잘 먹어요.
- 시험에서 실수를 하면 몰라도 영수는 꼭 합격할 거예요.
- 50%이상 할인행사를 하면 몰라도 저는 절대 백화점에서 물건 안 사요.
- 구입하신 제품이 손님의 부주의로 파손되었으면 몰라도 1주일 이내에 가져오시면 교환이나 환불이 가능합니다.

04 -겠거니 하고

으레 그럴 거라고 단정하거나 미루어 짐작하여 어떤 행동을 수행했음을 의미하는 표현이다.

- 밖이 춥겠거니 하고 주말에 하루 종일 집에 있었는데 오늘 나와 보니 봄날처럼 따뜻하네요.
- 치즈를 넣은 김치찌개는 느끼하겠거니 하고 입도 안 대 봤어요.
- 지금쯤은 집에 돌아왔겠거니 하고 지나는 길에 들러 봤어요.
- 약속시간이 조금 지나서 다들 도착했겠거니 하고 모임 장소에 들어가보니 아무도 없었어요.

제3과 **남성과 여성**

01 남성과 여성의 변화

학습 목표 ● 과제 한국의 전통 여성상과 현대 여성상 비교하기, 토론 시작하기
● 문법 −은 채, −으리라는 ● 어휘 여성

과거와 현재의 여성의 생활은 어떻게 다릅니까?
현재 여성의 사회적 지위에 대해 이야기해 봅시다.

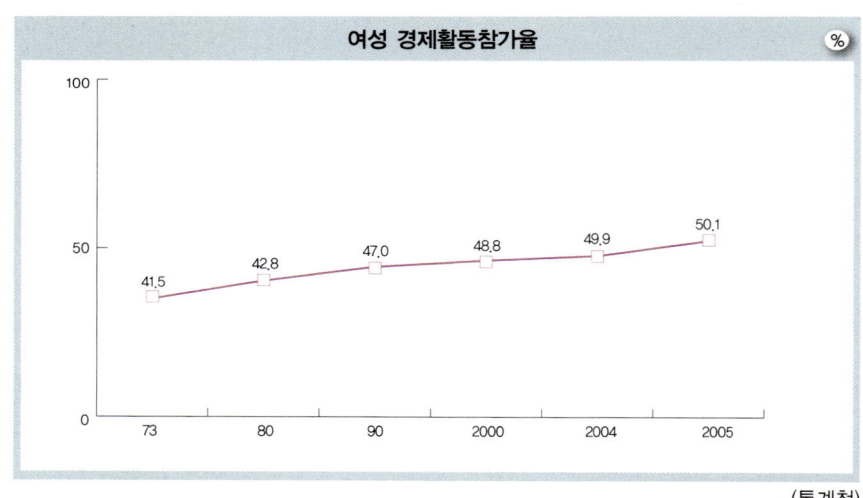

여성 경제활동참가율 %

100

50   41.5   42.8   47.0   48.8   49.9   50.1

0   73   80   90   2000   2004   2005

(통계청)

1) 여성 경제활동인구가 늘어나고 있는 이유는 무엇이겠습니까?

2) 여성 경제활동참가율의 증가가 사회에 미친 영향에 대해서 이야기해 봅시다.

대화

🔊 CD1:11~12

며느리	어머니, 오늘 인사이동 발표가 났는데 저 이번에 승진했어요. 이번에도 안 될까 봐 얼마나 마음을 졸였는지 몰라요.
시어머니	그거 정말 축하할 일이로구나. 우리 때만 해도 결혼과 동시에 직장을 그만두어야 하는 분위기였단다. 그런데 요즘은 능력만 있으면 얼마든지 하고 싶은 일을 하면서 사는 것 같아 부럽구나.
며느리	그렇긴 하지만 아직도 취업주부들에게는 가사와 직장 일을 병행하는 게 쉽지 않은 일이에요. 저만 해도 아직 어린 아이들을 어머니께 맡긴 채 회사에 나가야 해서 늘 어머니께 죄송스러워요.
시어머니	그렇게 생각할 필요 없다. 난 오히려 집안일 하랴 회사에 나가랴 늘 동분서주하면서도 직장에서 인정받는 네가 자랑스럽구나.
며느리	하지만 요즘에도 현모양처로 사는 것이 가장 바람직하다고 생각하는 여자들이 많아요. 여자의 행복이 자신의 사회적 성공보다는 남편이나 아이들의 성공에 달려 있다고 믿는 거죠.
시어머니	어떻게 살든 자신이 만족하고 행복하게 살 수 있는 길을 찾으면 되는 것 아니겠니?
며느리	일단 취업하기로 했을 때는 적당히 다니다가 그만둘 것이 아니라 평생직장으로 일하리라는 각오를 해야 하고요.
시어머니	그러려면 아이가 있는 직장 여성들이 마음 놓고 일할 수 있는 환경이 만들어져 야지.

01 시어머니의 생각과 같은 것을 고르십시오.

❶ 뭘 하든 만족하면서 살 수 있으면 된다.

❷ 현모양처가 가장 바람직하다.

❸ 결혼하면 직장을 그만두어야 한다.

❹ 취업주부는 집안일과 직장 일을 다 잘 해야 한다.

02 취업주부들이 겪는 어려움은 무엇입니까?

인사이동   마음을 졸이다   병행하다   동분서주하다   현모양처   각오를 하다

03 다음 주제에서 하나를 골라 보기와 같이 이야기해 봅시다.

1) 아이가 있는 직장 여성들이 마음 놓고 일할 수 있는 환경

2) 현모양처의 조건

[보기] 저는 직장 안에 좋은 시설을 갖춘 탁아소가 반드시 있어야 한다고 봐요. 엄마랑 같이 출근과 퇴근을 하면 아기는 정서적으로 안정감을 느끼게 돼서 좋고 엄마도 마음 놓고 일할 수 있을 테니까요.

어휘 여성

01 다음 표현을 익히고 질문에 답하십시오.

(가)	(나)
전업주부	현모양처
취업주부	여장부
맞벌이 부부	여걸
가사노동	요조숙녀
가사분담	슈퍼우먼

1) (가)에서 알맞은 표현을 찾아 빈칸을 채우십시오.

❶ 가정생활을 하는 데 필요한 노동인 (   )을/를 하는 시간은 나라마다 차이를 보인다. 한국의 경우 집안일만 하는 (   )은/는 하루 평균 10시간 이상이고 직장을 다니며 집안일도 하는 (   )은/는 5~6시간 정도이다. 일반적으로 이와 같은 노동은 편한 것 또는 노는 것이라고 생각하지만 의외로 노동시간이 길고 종류가 많고 복잡하며 힘든 노동이 많다.

❷ 한국노동연구원의 조사에 따르면 부부가 모두 일을 하는 (   ) 중 부인이 가사를 돌보는 시간은 주당 21.4시간으로 남편의 4.6시간에 비해 다섯 배 정도 많은 것으로 나타났다. 그러므로 이들의 노동시간을 줄이려면 적절한 (   )이/가 필요하다.

2) (나)에서 알맞은 표현을 찾아 빈칸을 채우십시오.

❶ (   )이란/란 현명한 어머니이면서 착한 아내를 말하는 것으로 한국에서는 신사임당이 대표적이다.

❷ (   )은/는 말과 행동이 얌전하고 품위 있는 여자를 말하며 이와 달리 (   )이란/란 기운이 세고 용감하며 리더십과 결단력 및 추진력이 강한 여자를 말한다.

❸ (   )은/는 아내, 어머니, 직장인으로 자신이 해야 할 모든 역할을 완벽하게 해내는 여자를 말하는데 현실적으로는 거의 불가능하다.

02 위의 표현을 사용하여 다음 질문에 답하십시오.

1) 여러분 나라에서는 여성을 표현하는 말로 어떤 것이 있습니까? 그리고 그 의미는 무엇입니까?

2) (여학생의 경우) 여러분은 결혼 후에도 계속 일을 할 생각입니까?

(남학생의 경우) 여러분은 결혼 후에 아내가 직업을 갖는 것에 대해 어떻게 생각합니까?

[보기] 저는 결혼을 하면 직장을 그만두고 살림만 할 거예요. 현모양처로 사는 것이 제 꿈인데 직장 일을 하다가 보면 가정에 소홀해지기가 쉽지 않겠어요?

문법

01 다음을 읽고 문법 및 표현을 익혀 봅시다.

> 결혼 전에 나는 결혼해도 계속 직장을 다닐 거니까 설거지와 청소는 남편이 하고 요리와 빨래는 내가 맡기로 했었다. 하지만 남편은 신혼 초부터 바쁘고 피곤하다는 핑계로 툭하면 설거지감들을 내버려 **둔 채** 들어가 자 버렸고, 몇 날 며칠 청소기를 돌리지 않아 집안에 먼지가 가득한 날도 많았다. 그래서 어젯밤에는 이 문제를 반드시 **해결하리라는** 결심을 하고 남편에게 "내가 슈퍼우먼이야? 이럴 거면 왜 결혼했어?"하고 큰 소리로 따졌다. 과연 남편은 앞으로 얼마나 달라질까?

-은/ㄴ 채

1) 다음 표를 완성하고 보기와 같이 이야기해 보십시오.

[보기] 일을 끝내지 못했다	퇴근했다
❶ 잠 자는 것도 잊었다	
❷ 옷을 그대로 입었다	
❸ 주머니에 손을 넣었다	
❹ 두 팀이 승부를 가리지 못했다	

[보기] 일을 끝내지 못한 채 퇴근했다.

-으리라는/리라는

2) 다음을 연결하고 보기와 같이 이야기해 봅시다.

영미는 이번 대학시험에 꼭 합격하다 • • 기대감이 높아지고 있다

그 사람은 로봇 연구의 일인자가 되다 • • 예상을 하고 있다

영수야, 올해는 술을 끊다 • • 네 결심이 변하지 않았겠지?

금년에는 경기가 회복되다 • • 각오로 열심히 공부하고 있다

세계 인구가 2050년쯤 백억 명을 넘다 • • 신념을 갖고 연구에 매진하고 있다

[보기] 영미는 이번 대학시험에 꼭 합격하리라는 각오로 열심히 공부하고 있다.

02 다음의 표를 채우고 위의 두 표현을 사용하여 잘못을 하거나 실수를 한 후의 결과와 그 후의 결심 또는 각오를 보기와 같이 이야기해 봅시다.

잘못이나 실수	결과	결심 또는 각오
[보기] 화장을 지우지 않고 잤다	다음 날 얼굴에 뾰루지가 많이 났다	아무리 피곤해도 화장을 꼭 지우고 자겠다
❶ 문을 열어 놓고 잤다		
❷ 렌즈를 끼고 잤다		
❸ 가스 불을 켜 놓고 외출했다		
❹ 칼에 벤 상처를 치료하지 않았다		

[보기] 화장을 지우지 않은 채 잤더니 다음 날 얼굴에 뾰루지가 많이 났어요. 그래서 앞으로는 아무리 피곤해도 화장을 꼭 지우고 자리라는 결심을 했어요.

YONSEI KOREAN 6

과제 1   읽고 말하기

다음을 읽고 질문에 답하십시오.

여성 교육은 시대와 사회의 여성관이나 여성의 사회적 지위 등에 따라 변화되어 왔다. 한국의 경우 삼국시대의 왕족이나 귀족사회에서는 여성도 상당히 높은 교양을 지녔었다고는 하나 그와 같은 교양을 접할 수 있었던 것은 극히 제한된 일부이고 대부분의 여성은 글자를 깨우칠 기회조차 없었다.

고려 시대에는 비교적 자유로운 문화가 형성되었기 때문에 여성의 활동에 대한 제약이 덜했으며 지위도 높았다. 이 시기의 여성 교육은 불교적인 계율과 신앙을 덕으로 강조하였다.

주자학을 국가의 지도 이념으로 삼은 조선은 양반 중심의 위계적 신분질서를 공고히 하기 위해서 여성의 활동을 엄격하게 통제하였다. 더욱이 가부장제의 확립은 남성 중심 혼인 풍습의 정착과 함께 여성의 경제권도 약화시켰고 여성의 지위도 낮추는 큰 이유가 되었다. 이 시기의 여성교육은 유교적 부덕을 겸비한 여성의 교화를 강조하였고 신분 질서에 순응하는 순종적 여성을 육성해 나갔다.

근대 여성 교육은 1886년 선교사 스크랜튼 부인이 젊은 여성 한 명을 상대로 문을 연 이화학당에서 비롯되었다. 뒤이어 여러 여학교가 속속 설립되어 여성교육의 여명기를 맞이하게 되었다. 이화학당이 문을 열기 한 해 전인 1885년에는 한국 최초의 현대식 학교 법규가 공포되어 한국에서 여자에게도 남자와 똑같은 취학의 기회가 주어졌다.

1940년대 중반 이후 서구의 문화가 더욱 광범위하게 유입되면서 남녀평등 의식이 확산되었고 그로 인해 활발한 여성 운동이 펼쳐졌다. 이와 함께 남녀 공통의 의무교육이 실시되고 남녀 공학 제도가 도입되는 등 여성 교육의 기회가 확대되었다.

1998년에는 교육부에 여성교육정책담당관실이 설치되어 여성교육관련 정책의 수립을 조정하며 여학생의 진로교육 및 진로지도를 하고 있고 2000년에는 남녀평등교육진흥법이 제정되었다. 이와 같은 노력들로 2006년 여학생의 대학 진학률은 81.1%로 35년 전과 비교하여 15배 증가하는 등 여성의 교육기회가 경이로울 정도로 증가했고 그에 따라 여성의 사회 · 경제적 지위는 점차 높아지고 있는 양상을 보이고 있다.

01 이 글의 중심 내용은 무엇입니까?

❶ 한국여성 교육의 역사   ❷ 남녀평등교육

❸ 전통적 여성 교육   ❹ 여성의 사회 · 경제적 지위의 향상

02 여성 교육의 기회가 증가한 때는 언제부터이며 그 배경은 무엇입니까?

03 여러분 나라의 여성 교육에 대해 이야기해 보십시오.

과제 2 토론 시작하기 ●

기능표현 익히기

〈사회자가 토론을 시작할 때〉

- 우리는 오늘 조기 유학에 대해서 토론을 **하고자 합니다.**
- 지금부터 조기 유학**에 대한 토론을** 시작하겠습니다.
- 오늘은 '조기유학 꼭 필요한가'라는 제목으로 토론을 해 보겠습니다.
- 찬성/반대 팀부터 말씀해 주시지요.

〈토론자(찬성팀/반대팀)가 이야기를 시작할 때〉

- 저는 조기 유학에 대해서 반대 의견을 말씀드리고자 합니다.
- 저는 조기 유학**에 대해서** 찬성하는 이유를 말씀드리도록 하겠습니다.

01 다음 도표를 보고 무엇에 관한 것인지 이야기해 보십시오.

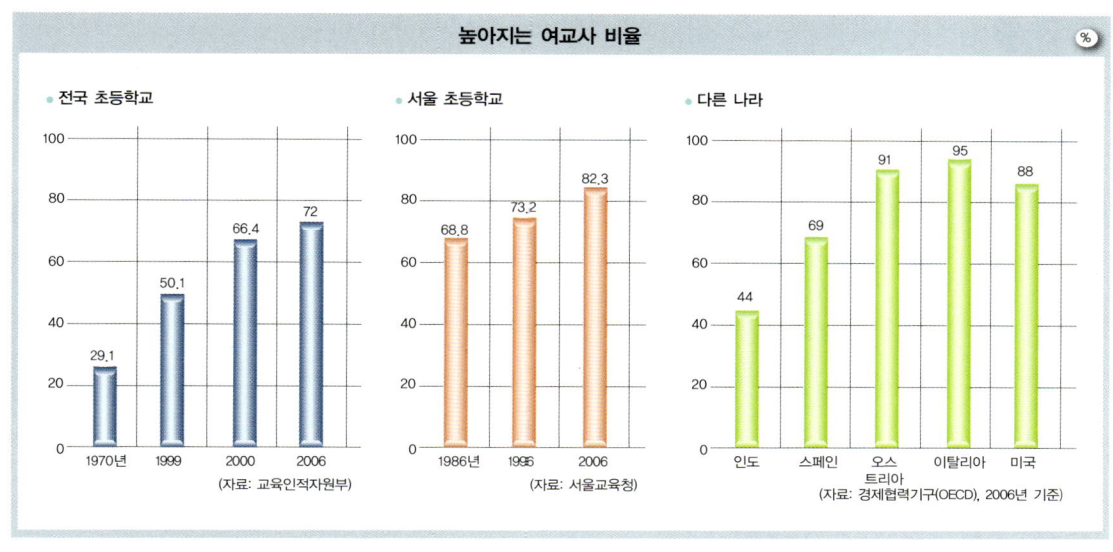

높아지는 여교사 비율 (%)

- 전국 초등학교: 1970년 29.1, 1999 50.1, 2000 66.4, 2006 72 (자료: 교육인적자원부)
- 서울 초등학교: 1986년 68.8, 1996 73.2, 2006 82.3 (자료: 서울교육청)
- 다른 나라: 인도 44, 스페인 69, 오스트리아 91, 이탈리아 95, 미국 88 (자료: 경제협력기구(OECD), 2006년 기준)

YONSEI KOREAN 6

02 다음은 '남자 교사 할당제'라는 주제로 토론을 시작하는 사회자의 말입니다.

인사/사회자 소개	여러분, 안녕하십니까? 오늘 토론의 진행을 맡은 한세미입니다.
주제 소개	얼마 전 서울시 교육청이 초·중·고등학교 교원 양성의 불균형 해소 차원에서 남자 교사 신규임용 할당제를 추진하겠다고 발표했습니다. 남자 교사 신규임용 할당제란 초·중·고등학교 교사를 임용할 때 남자 선생님의 비율을 최대 30%까지 뽑을 수 있도록 하는 제도입니다. 이 방안을 추진하려는 이유는 특히 초등학교의 경우 남자 교사가 너무 적어서 아동 교육에 문제가 많다고 판단했기 때문입니다. 그러나 남자 교사 할당제는 여성에 대한 역차별이라는 비판 의견도 많습니다. 그래서 우리는 오늘 남자교사 신규 임용 할당제라는 주제로 토론을 하고자 합니다.
참석자 소개	이 주제에 대해 토론하실 분들을 소개해드리겠습니다. 먼저 한국 여성발전연구소의 김연주 박사님께서 나와 주셨습니다. 그 옆에 한국 대학교 교육학과 박철수 교수님께서 나와 주셨습니다. 맞은 편에 연세초등학교 교장선생님으로 계시는 최수호 선생님께서 나와 주셨습니다. 그 옆에 서울학교발전위원회의 이종수 위원장님께서 나와 주셨습니다.
토론을 시작하는 말	그럼 우선 양 팀 대표들의 찬반 의견을 들어 보도록 하겠습니다. 먼저 찬성팀부터 말씀해 주시지요.

1) 이 토론의 목적은 무엇입니까?

2) 시 교육청은 왜 남녀교사 할당제를 도입하려고 합니까?

03 다음 도표를 보고 무엇에 관한 것인지 이야기해 보십시오.

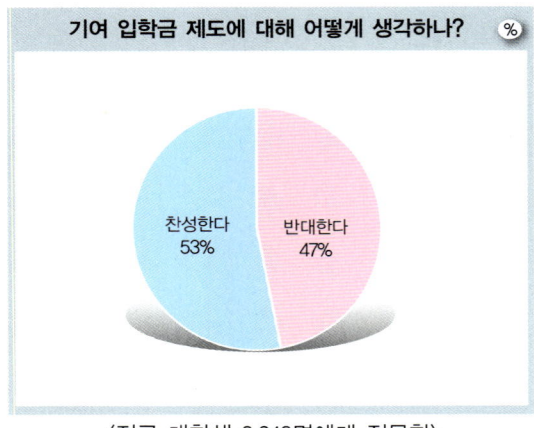

〈전국 대학생 2,249명에게 질문함〉

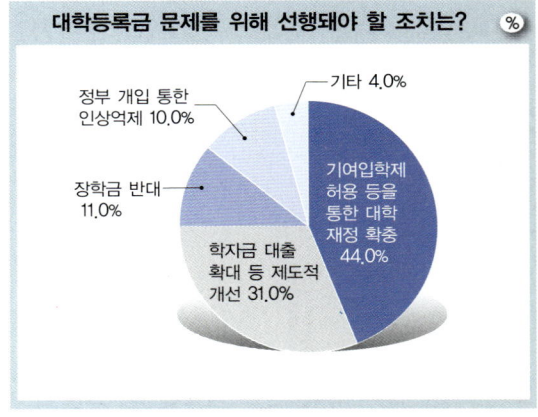

〈전국 성인 남녀 1,578명에게 질문함〉

04 여러분도 토론의 사회자가 되어 다음의 주제로 찬반 토론을 시작해 보십시오.

주제 : 기여입학제

기여입학제란?

기여입학제는 특정 학교에 물질을 무상으로 기부하여 현저한 재정적 공로가 있는 경우나 대학의 설립 또는 발전에 비물질적으로 기여하는 등 공로가 있는 사람의 직계자손에 대해 대학이 정하는 기준과 방법에 따라 입학이 가능하도록 특례를 인정하는 제도를 말한다.

인사/사회자 소개	
주제 소개	
참석자 소개	
토론을 시작하는 말	

02 바람직한 성역할

학습 목표 ● 과제 바람직한 성역할에 대해서 알아보기, 상대방의 주장에 대해서 동의 또는 반박하기
● 문법 아무리 –기로서니, –은 끝에 ● 어휘 성역할

여러분 나라에서는 그림과 같은 장면을 얼마나 볼 수 있습니까?
가정에서의 남편의 역할은 무엇이라고 생각합니까?

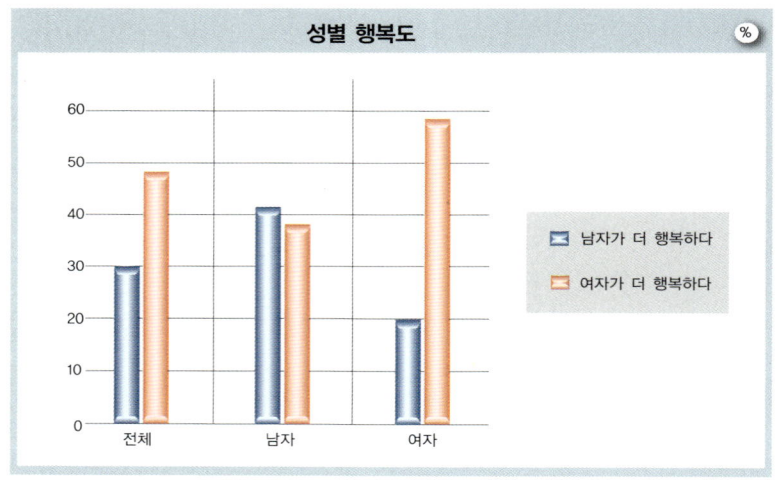

1) 전국의 성인 남녀 534명에게 '성별 행복도'에 관해 설문 조사한 결과입니다. 이 조사의
   결과가 시사하는 바는 무엇입니까?

2) 여러분은 남자가 더 행복하다고 생각하십니까? 아니면 여자가 더 행복하다고 생각하십니까?

대화

🔊 CD1:13~14

정민철 부장님, 저 이번에 1년 간의 휴직 신청을 좀 하려고 하는데요.

최 부장 아니, 휴직이라니? 그게 무슨 말인가? 내 이번에 자네에게 큰 일을 맡기려고 했는데...

정민철 다름이 아니라 부장님도 아시다시피 지난달에 제 집사람이 출산을 했잖습니까? 그런데 직장에 다니는 아내가 안심하고 아기를 맡길 만한 데가 없어서요. 그래서 아내와 이 문제에 대해 심사숙고한 끝에 제가 휴직을 하기로 결정을 했습니다.

최 부장 그래도 그렇지, 아이는 엄마가 돌봐야 하는 것 아닌가?

정민철 저는 아이를 반드시 엄마가 키워야 한다고는 생각하지 않습니다. 남녀를 불문하고 엄마든 아빠든 여건이 되는 사람이 아이를 돌보면 되는 것 아닌가요? 그런데 자기 사업을 하는 제 아내가 지금 일을 쉴 수 있는 형편이 못 되거든요.

최 부장 아무리 시대가 달라졌기로서니 남자가 직장을 쉬면서까지 아이를 봐야 한단 말인가? 내가 구세대라서 그런지 모르겠네만 도저히 납득이 안 가는 일일세.

정민철 부장님께서 제게 큰 기대를 갖고 많이 아껴주시는 거 잘 알고 있습니다. 하지만 남자가 꼭 바깥일을 해야 하고 여자는 집안일을 해야 한다는 것은 고정관념이 아닐까요? 저는 직장에서의 성공만큼 가정의 행복도 중요한 것이라 생각합니다.

최 부장 자네가 정 그렇다면야 나로서도 어쩔 수 없지만 다시 한 번 잘 생각해 보게나.

01 정민철이 육아 휴직을 하려는 이유는 무엇입니까?

❶ 아내가 출산을 해서   ❷ 아이를 맡길 적당한 곳이 없어서

❸ 아기에게 아빠가 필요해서   ❹ 아이 돌보는 것을 좋아해서

02 최 부장과 정민철의 생각이 어떻게 다른지 정리해 보십시오.

	최 부장	정민철
육아의 책임을 가진 사람		
남자와 여자의 역할		

심사숙고하다   불문하다   여건   납득이 가다   고정관념   정

03 여러분은 누구의 생각을 지지합니까? 보기와 같이 이야기해 보십시오.

[보기] 제가 보기에 정민철의 생각은 너무 튀는 것 같은데요. 최 부장의 말대로 남자가 자기 일을 쉬면서까지 아이를 돌본다는 건 쉽지 않은 일이지요. 육아 도우미를 부른다든지 하는 다른 방법을 더 찾아 볼 수 있지 않을까요?

어휘 성역할 ●━━━━━━━━

01 다음 표현을 익히고 질문에 답하십시오.

(가)	(나)
고정관념	남녀평등/양성평등
남녀차별/성차별	성차이
남자답다	성역할
여자답다	양성성
가부장적이다	양성적이다

1) (가)에서 알맞은 표현을 찾아 빈칸을 채우십시오.

❶ 여성은 감성적이고 의존적이며 소극적인 인물로 생각되고, 남성은 이성적이고 경쟁적이며 독립적이고 적극적인 인물로 생각되는 경우가 많은데 이를 성역할에 따른 (   ) 이라고/라고 할 수 있다.

❷ (   )는 말은 여성이 지녀야 할 만하다고 여겨지는 성질이나 모습을 갖추고 있을 때 쓰는 말이다. 일반적으로 상냥하다, 얌전하다, 애교가 많다 등의 단어가 이러한 성격을 표현한다. 반면에 남자에 대해서 박력 있다, 씩씩하다, 거칠다, 공격적이다 등은 (   )는/은/ㄴ 것을 표현할 때 자주 쓰는 말이다.

❸ 가부장은 가족 중에서 가족 전부에 대하여 가장 큰 권력을 가진 남자 어른을 의미하는데 남편이나 아버지가 지나치게 절대적인 권력을 갖고 권위적으로 행동할 때 (   ) 이라고/라고 말한다.

2) (나)에서 알맞은 표현을 찾아 빈칸을 채우십시오.

❶ 성차별은 성에 기초한 모든 차별이나 배제 또는 제한을 뜻한다. 다시 말해서 남자와 여자의 성별에 따라 법률적 권리나 사회적 대우가 다른 것을 말하며 반대말은 (   ) 이다.

❷ 근래에 와서 전통적으로 남성과 여성 사이에 존재해왔던 이성간의 벽이 허물어지고 있는데 젊은 한국인 남녀 절반 이상이 각자의 성에 대한 고유의 (   )에서 벗어나 (   )을/를 추구하고 있는 것으로 나타났다.

02 여러분이 알고 있는 성역할에 따른 고정관념이 드러나는 말이나 이에 대한 자신의 경험을 이야기 해 보십시오.

[보기] 우리나라에는 색에 대한 고정관념이 있는데 아기가 태어나면 남자아기는 보통 하늘색이나 파란색 옷을 입히고 여자아기는 분홍색 옷을 입혀요. 저도 어렸을 때 분홍색 계통의 옷을 많이 입었고 주로 인형을 가지고 놀았어요. 하지만 아무도 저에게 로봇이나 장난감 자동차는 사주지 않았고, 엄마는 제게 파란색 옷은 입히지 않으셨어요.

문법

01 다음을 읽고 문법 및 표현을 익혀 봅시다.

요즘 성역할에 대한 고정관념이 많이 사라지고 있다고는 하지만 그것은 젊은 여성들만이 갖는 생각인 것 같다. 최근 들어 우리 할머니한테서 제일 많이 듣는 소리가 안 되는 취직하려고 애쓰지 말고 좋은 신랑감 만나서 시집이나 가라는 소리다. 내가 **아무리** 취직을 못해 백수로 **지내기로서니** 어떻게 그런 말을 하실 수 있을까? 그래서 이 말을 할까 말까 한참을 **망설인 끝에** "저도 나름대로 하고 싶은 일이 있고 계획도 있으니까 그런 말씀은 제발 그만하세요"라고 할머니께 대들 듯이 말하고 말았다.

아무리 –기로서니

1) 보기와 같이 다음의 상황을 비난하는 문장을 만드십시오.

[보기] 바빠서 부모님께 한 달 동안 전화를 못 드렸다.

❶ 화가 많이 나서 동생을 때렸다.

❷ 피곤해서 하루 종일 잠을 잤다.

❸ 돈이 없어서 다른 사람의 돈을 훔쳤다.

❹ 스트레스가 많이 쌓여서 정신을 잃을 정도로 술을 많이 마셨다.

[보기] 아무리 바쁘기로서니 부모님께 전화 한 통도 못 드릴 수가 있어요?

–은/ㄴ 끝에

2) 빈칸을 채우고 보기와 같이 이야기해 보십시오.

상황	과정	결과
[보기] 비행기가 연착되었다	세 시간이나 기다렸다	겨우 비행기를 탈 수 있었다
어려운 문제가 생겼다	밤새도록 고민했다	
경쟁률이 높은 회사에 지원했다	죽기 살기로 노력했다	
그 범인의 행방이 묘연했다	끝까지 추적했다	
사랑고백하기가 부끄러웠다	오랫동안 망설였다	

[보기] 비행기가 연착되어서 세 시간이나 기다린 끝에 겨우 비행기를 탈 수 있었다.

02 위의 두 표현을 사용해서 여러분의 경험을 보기와 같이 이야기해 봅시다.

> [보기] 저는 고등학교 때 반드시 일류 대학에 가겠다는 목표로 하루에 서너 시간만 자면서 정말 열심히 공부했어요. 그 때 대부분의 제 친구들은 잠도 실컷 자고 놀기도 많이 하면서 "아무리 대학 가는 게 중요하기로서니 잠도 못 자 가면서 공부를 하니?"라고 저에게 말하곤 했지요. 하지만 저는 그런 말들을 무시하고 정말 힘들게 노력한 끝에 원하던 대학에 합격하게 되었답니다.

과제 1 듣고 말하기 [CD1:15]

01 다음 도표를 보고 무엇에 관한 것인지 이야기해 보십시오.

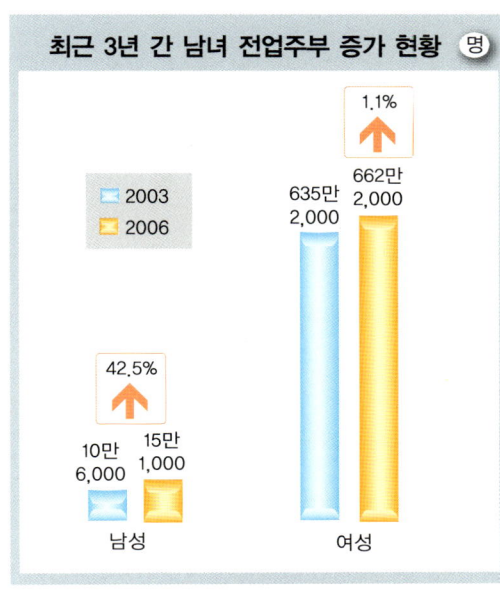

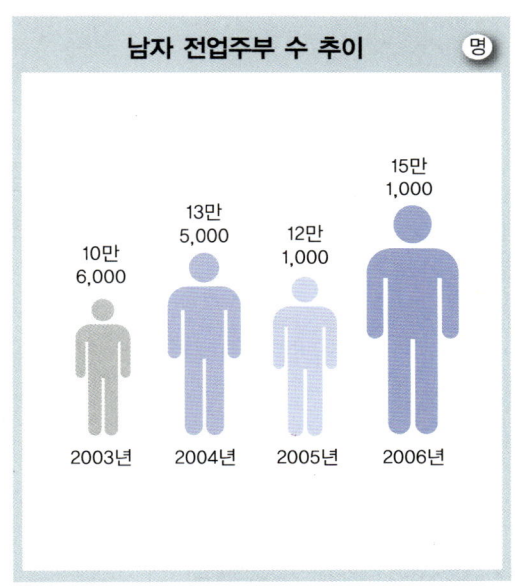

02 다음을 듣고 질문에 답하십시오.

1) 들은 이야기와 맞는 것을 고르십시오.

❶ 전문직 종사자 수의 증가는 남성과 여성이 비슷하다.

❷ 가부장적 부부관계가 붕괴하고 있다.

❸ 여자 전업주부의 수는 감소하고 있다.

❹ 통계청은 초등학생까지의 아이를 돌보는 것을 '육아'로 분류한다.

2) 남자 전업주부가 늘고 있는 이유가 아닌 것은 무엇입니까?

❶ 여성 연상 커플의 증가

❷ 고소득 전문직 여성의 증가

❸ 질 좋은 일자리 감소

❹ 미취학 아동의 증가

03 온라인 취업사이트 '사람인'이 남성 직장인 1,092명을 대상으로 실시한 설문 조사에 따르면 조사대상의 33.1%가 "배우자의 수입이 많으면 집에서 살림만 할 의사가 있다"고 답했다고 합니다. 여러분은 남자 전업주부에 대해서 어떻게 생각합니까?

과제 2　　상대방의 주장에 대해서 동의 또는 반박하기　●━━━━━

기능표현 익히기

〈동의하기〉

- 저는 대북지원이 남북관계를 유지하고 관리하는 중요한 협상수단이라는 **점에서 ―씨의 의견에 동의합니다.**
- 기여입학제가 교육의 기회를 확대시켜줄 수 있**다는 점에서는 일리가 있습니다.**

〈반박하기〉

- 자녀의 조기유학을 위해 부모가 자신의 일을 접고 희생하는 **것이 반드시** 아이에게 득이 되는 **것만은 아닙니다.**
- 자유무역협정(FTA) 타결이 세계적 추세라서 피할 수 없**다고 단언할 수는 없는 일이지요.**
- 죽는 것보다 평생 감옥에서 사는 게 더 낫**다고는 생각하지 않습니다.**
- 사형제도가 흉악 범죄 예방에 효과가 있다는 **말은 납득이 가지 않습니다.**
- 남자교사 할당제의 실시가 교사의 질을 떨어뜨릴 수 있다는 **점에서 문제가 있다고 생각합니다.**
- **다른 관점에서 보자면** 사형제도는 국가가 저지르는 살인이라고 할 수 있습니다.

01 다음을 읽고 질문에 답하십시오.

　　초등학교 '여교사 편중현상'이 심화되면서 남자 교사가 없거나 한두 명에 불과한 학교가 늘고 있다. 초등학교 재학 6년 동안 남자 담임교사를 만나지 못하는 학생도 수두룩하다. 서울의 경우 초등 여교사의 비율은 82%를 넘었다. 이와 같은 추세로 나간다면 곧 90%를 넘을 전망이다. 서울시교육청이 이와 같은 현상을 완화시키기 위한 방안 마련에 나섰다. 초·중·고교 교사 임용 때 최대 30%까지 남성으로 뽑는 제도를 도입하겠다는 것이다. 그러나 이에 대해 찬성과 반대의 의견이 팽팽한데 이것은 대략 네 가지 논점으로 정리될 수 있다.

　　이를 찬성하는 쪽에서는 그 이유를 첫째로 학생들의 성역할 정체성 확립에 도움을 줄 수 있다고 한다. 하지만 이에 대해 반대하는 입장에서는 성역할은 학교에서만 배우는 게 아니며 가정에서 부모로부터 배우는 성역할 교육도 중요하다고 반박하고 있다. 이들은 또한 여성 비율이 높은 것이 문제라면 초등학교의 교장선생님 중 91%가 남자라는 것도 문제가

YONSEI KOREAN 6

되어야 한다고 지적하고 있다.

둘째로 생활 지도와 체육 수업 등에 남자교사가 더 적합하고 수련회나 운동회 등의 각종 활동에서도 남교사의 역할이 크다는 주장이다. 이 문제에 대해 반대하는 쪽에서는 생활 지도와 체육과 각종 활동을 전문적으로 담당하게 하는 전문 교사제를 도입해야 한다고 말하고 있다.

셋째로 여교사의 급격한 증가로 임신과 출산, 육아 휴직 등이 많아지면서 이 부분을 담당할 계약직 교사를 확보하는 것이 어려울 뿐만 아니라 상대적으로 책임감과 경험이 부족한 이들로 인한 수업의 질이 떨어질 수 있다는 점을 찬성하는 쪽에서 지적하고 있다. 이에 대해 반대쪽에서는 이것은 국가적인 차원에서 예산을 늘려 해결해야 할 문제라고 주장하고 있다.

마지막으로 할당제를 반대하는 쪽에서는 지금의 교사 성비 불균형은 교사를 시험성적으로 뽑아서 발생한 것이기 때문에 여성보다 성적이 낮은 남성으로 30%를 채운다면 교사의 질이 떨어질 게 분명하다고 주장하고 있다. 하지만 할당제를 찬성하는 입장에서는 교사를 뽑는 과정에서 남자를 우대하자는 것은 성차별적 발상이 아니라 아이들에게 균형 잡힌 교육환경을 제공하기 위한 것으로 이해되어야 한다고 반박하고 있다.

한편 여성계 등에서는 "여교사의 비율이 높아 교육에 문제가 있다는 것은 입증된 적이 없다"며 교사들의 처우가 좋아지면 자연히 우수한 남성들이 몰리게 될 것인데 근본적인 문제해결 없이 할당제만으로는 이 문제를 풀어갈 수 없다고 말하고 있다.

1) 다음 표를 채우십시오.

찬성의 논리	반대의 논리
학생들의 성역할 정체성 확립에 도움이 됨.	
남교사가 생활지도와 체육수업에 유리하고 수련회, 운동회 등의 각종활동에 남교사의 역할이 큼.	
여교사의 출산휴가 및 육아휴가 시 수업을 담당할 교사 확보가 어려움.	
남자를 우대하자는 게 아니라 아이들에게 균형 잡힌 교육환경을 제공하기 위한 것임.	

2) 다음 표는 기여 입학제에 대한 찬반 토론표입니다. 상대방의 주장에 반박하는 내용으로 빈
   칸을 채우십시오

찬성의 논리	반대의 논리
기여입학제는 사립대학들이 재정난을 해소하기 위해 도입을 주장한 것임. 현재 국내 사립대학들은 예산의 대부분을 학생들의 등록금에 의존하고 있으며 그 나머지는 대학 법인에서의 수익과 국가지원기금, 민간 기부금으로 충당하고 있음. 그러나 국가지원기금과 민간기부금의 비율은 매우 미미한 정도임.	이 제도가 재정난을 타계하기 위한 정도(正道)가 아니기 때문에 받아들일 수 없음. 즉, 대학이 등록금을 인상할 수 없다면 법인에서의 수익을 늘리거나 국가지원을 늘리는 방향으로 재정난을 타계하는 것이 보다 근본적인 방안임.
기여입학제를 통해 장학금 등으로 교육기회를 확대해서 형편이 어려운 학생이 등록금을 내지 못해 학교를 그만두는 일은 없애야 함. 또한 한국의 기술수준은 선진국의 60~70%수준이므로 기여입학제를 허용하고 그 일정부분을 과학기술 진흥을 위한 기금으로 적립하는 방안을 국가적 차원에서 검토해야 함.	
	교육의 기회균등과 평등이념이 훼손됨. 돈만 있으면 다 된다는 황금만능주의사상을 갖게하고 사회 계층간 위화감을 조성할 수 있음. 그리고 기여입학제로 입학한 학생들은 일반 학생들에 비해 학업에 대한 충실도가 떨어질 수밖에 없고 그로 인해 학생들 전체의 학업분위기마저 저해될 수 있음.
돈 많은 사람은 공부 잘 못해도 좋은 대학에 마음대로 가고 돈 없는 아이들만 상대적으로 박탈감을 준다는 것은 인정할 수 밖에 없음. 또한 이 제도가 교육의 기회균등을 보장하고 있는 헌법에 위배되지만 자본주의 사회에서 이 정도는 용인될 수 있고 기여입학을 한 학생들이 공부 안 하면 쉽게 졸업할 수 없도록 학사관리를 강화하면 그런 문제점은 어느 정도 보완할 수 있음.	

03 정리해 봅시다

Ⅰ. 어휘

01 다음의 표현에서 떠오르는 단어를 찾아 쓰고 그 단어를 사용해서 문장을 만드십시오.

마음을 졸이다	각오를 하다	병행하다	납득이 가다
인사이동	현모양처	정	여건

[보기] 조마조마하다, 초조하다, 시험 :   **마음을 졸이다**

수술실 앞에는 마음을 졸이며 수술이 무사히 끝나기를 기다리는 가족들이 있었다.

1) 회사에서 자리를 옮기다, 승진, 좌천 : ....

....

2) 이해가 가다, 받아들이다, 수긍하다 : ....

....

3) 가사, 직장, 맞벌이 : ....

....

4) 굳게 마음먹다, 단단히, 결심 : ....

....

5) 주어진 조건, 허락하다, 되다 : ....

....

02 다음의 설명에 알맞은 단어를 쓰십시오.

현모양처	슈퍼우먼	성차별	요조숙녀	가사분담

[보기] 제 사촌 언니는 아주 얌전하고 품위가 있어서 며느리 삼고 싶어하는 아주머니들이
많대요. (**요조숙녀**)

1) 우리 이모는 이모부한테는 좋은 아내이고 자식들에게는 훌륭한 어머니이십니다. (   )

2) 제시카 씨는 능력이 뛰어나 아내와 어머니 역할을 잘 해 나가면서 회사일까지 완벽하게 해낸다. (   )

3) 우리 언니와 형부는 맞벌이 부부인데 퇴근 후에 식사 준비와 설거지는 언니가, 청소와 아기 돌보는 일은 형부가 맡아서 한다. (   )

4) 내가 다니는 회사에서는 새로 들어 온 여사원에게는 으레 커피 심부름과 복사를 하게 시키는데 남자 신입사원에게는 그런 잡다한 일을 시키지는 않는다. (   )

03 다음의 단어는 남성과 여성 중 어느 쪽을 설명할 때 많이 사용되는 표현인지 나누어 보고 그 이유를 설명해 보십시오.

> 섬세하다, 부드럽다, 주장이 강하다, 감정이 풍부하다, 의리가 있다, 다정다감하다, 결단력이 있다, 이성적이다, 차분하다, 알뜰하다, 독립적이다, 의존적이다, 순하다, 꼼꼼하다, 털털하다, 박력 있다, 얌전하다, 싹싹하다, 씩씩하다, 깔끔하다, 의지력이 강하다, 공격적이다, 애교가 있다

남성	여성

II. 문법

01 다음 상황에 대한 여러분의 의견을 보기와 같이 이야기해 보십시오.

-은/ㄴ 채로   -으리라는/리라는   아무리 -기로서니   -은/ㄴ 끝에

상황

내 친구 미선이는 지금 고민에 빠져 있다. 부모님은 조건 좋고 능력 있는 남자를 소개해 줄 테니 집안도 그저 그렇고 장래성도 별로 없어 보이는 지금의 남자 친구와 빨리 헤어지라고 재촉하셨다고 한다. 미선이가 그럴 수 없다고 크게 반발하니까 그럼 우선 그 남자와 한 번만 만나보라셨다는 것이다.

[보기]
의견

부모님이 딸을 위하는 마음은 잘 알지만 아무리 조건이 중요하기로서니 결혼이 시장에 가서 물건 사는 것도 아닌데 어떻게 그렇게 말하실 수가 있을까요? 미선이 부모님은 한 번만 소개해 주는 사람을 만나보라셨다지만 난 지금의 남자 친구와 헤어지지 않은 채로 다른 남자를 만나는 일은 하면 안 된다고 생각한다.

상황 1

경미 씨와 준호 씨는 결혼한 지 6개월쯤 된 신혼부부인데 요즘 부부싸움을 자주 한다. 5년이나 연애를 하고 결혼을 했어도 서로의 성격을 잘 몰랐기 때문이다. 연애를 하는 것과 직접 같이 살아 보는 것은 별개의 문제인가 보다. 그런데 점점 싸움의 강도가 심해지면서 며칠 전에는 말다툼을 하던 중 준호 씨가 화를 참지 못하고 경미 씨의 뺨을 때리고 말았고 그 일로 경미 씨는 집을 나와 버렸다.

의견

상황 2

우리 언니는 자녀 교육에 남다른 열정과 신념을 가지고 있어서 자기 아들에게 최고의 교육을
시키려고 노력한다. 그 덕분에 형진이는 음악, 미술, 체육은 물론 수학과 과학에서도 제
또래보다 뛰어난 실력을 발휘하고 있다. 하지만 한 가지 언니가 만족하지 못하는 분야가
있는데 그것은 바로 영어다. 그것 때문에 고민을 많이 하던 언니가 결단을 내려 아직 모국어도
완전히 익히지 않은 초등학교 1학년짜리 내 조카를 미국에 유학 보내려고 한다.

의견

_____

_____

_____

_____

_____

III. 과제

다음은 여러분의 성 정체성을 알아보는 항목들입니다. 적극적으로 동의하는 항목에만 표시하고 그 결과에 대해서 이야기해 봅시다.

1) 내 안의 남성성은?
- ☐ 나는 경제적으로 자립해야 한다고 생각한다.
- ☐ 나는 목표를 향해 적극적으로 도전하는 편이다.
- ☐ 나는 다소 공격적인 행동을 많이 하는 편이다.
- ☐ 나는 체면과 치레를 중시한다.
- ☐ 나는 누구에게 의존하기보다 독립적인 것을 좋아한다.
- ☐ 나는 내가 사회의 중추적인 역할을 해야 한다고 생각한다.
- ☐ 나는 포부와 야망이 크다.
- ☐ 나는 다소 권위적이다.
- ☐ 나는 힘이 좀 더 세졌으면 좋겠다.
- ☐ 나는 어떤 모임에서든 리더십을 발휘한다.

2) 내 안의 여성성은?
- ☐ 나는 드라마나 연극, 영화 같은 것을 보면 즐겁다.
- ☐ 나는 동정심이 많다.
- ☐ 나는 다른 사람의 감정에 민감하게 반응한다.
- ☐ 나는 낭만적인 이야기를 좋아한다.
- ☐ 나는 이따금 애교를 부리는 편이다.
- ☐ 나는 귀엽고 예쁜 물건을 좋아한다.
- ☐ 나는 다른 사람에 비해 질투심이 많은 편이다.
- ☐ 나는 언어 능력이 뛰어난 편이다.
- ☐ 나는 시각적인 것보다 촉감을 좋아한다.
- ☐ 나는 내 감정을 다른 사람에게 표현하길 좋아한다.

[제일기획]

〈성정체성 분석〉

남성성 항목	여성성 항목	유형	분석
여섯 가지 이상	여섯 가지 이상	양성형	'예쁜 남자' 혹은 '강한 여자' 이거나 곧 될 가능성이 높음
여섯 가지 이상	여섯 가지 미만	남성형	전형적인 마초맨이거나 여장부임.
여섯 가지 미만	여섯 가지 이상	여성형	천상 여자이거나 무늬만 남자임.
여섯 가지 미만	여섯 가지 미만	디형성	당신은 누구십니까? 어느 별에서 오셨나요?

문화

한국의 남성과 여성의 덕목

근대 이전에는 모든 사람들이 사회적인 관습대로 살 수밖에 없었다. 계층이나 연령에 따라 각기 맡은 역할이 정해져 있었으며 남성과 여성의 역할도 고정되어 있었다. 밖에서 일을 하고 사회활동을 하는 것은 남성이, 아이를 돌보는 일이나 집안일을 하는 것은 여성의 역할로 여겼다. 여성의 사회활동이 제한되었고 남성이 집안일을 하거나 부엌에 출입하는 것을 금기시하였다. 이러한 제약은 남성과 여성의 성의 차이로 인해 생겨난 것인데 점차 사회적 차별이 되기도 하였다. 근대 이전까지 여성의 사회적 진출과 정치적 활동은 제한을 받았으며 교육과 문화 등의 분야에 진출하는 것도 제약을 받았다.

한국의 남성이 갖춰야 하는 덕목으로는 먼저 '사내대장부'와 같은 남성다움이 있다. 남자에게는 무의식중에 대범함, 강직함, 신중함, 과묵함 등이 남성의 덕목이라는 의식이 뿌리내려져 있다.

한국의 여성은 사회적인 성공보다는 자식과 남편을 위해 희생하는 현모양처가 최고의 덕목으로 여겨졌다. 솜씨, 마음씨, 말씨 등을 기본으로 정숙하고, 다소곳하며, 순종하는 것을 여성의 미덕으로 교육해 왔다.

그러나 현대 사회에서는 이러한 남성과 여성의 고정적인 역할 제약이 점차 깨어지고 있다. 남성과 여성의 성의 차이는 인정하되 사회적 제약과 차별은 지양해야 한다는 것이다. 여성과 남성으로 구분하던 고정관념이 희미해지면서 여성의 전유물로 여겨져 왔던 직업인 미용사, 요리사, 유치원 교사, 간호사로 이미 많은 남성이 일하고 있다. 또한 여성들의 사회활동이 활발해지면서 기업의 경영자, 버스 운전사, 중장비 기사 등 그 활동 영역을 넓히고 있다.

1. 한국 남성과 여성의 덕목에 대해 생각해 봅시다.

2. 여러분 나라에서는 남성과 여성의 지위에 어떤 변화가 있었습니까?

3. 여러분이 생각하는 바람직한 남성상과 여성상에 대해서 이야기해 봅시다.

문법 설명

01 -은 / ㄴ 채

어떤 행위가 이루어진 상태 그대로 후행문의 내용이 발생했음을 나타낸다.

- 그 남자는 숨진 채 발견됐다.
- 도둑이 신발을 신은 채 방까지 들어왔다
- 아이가 너무 피곤해서인지 앉은 채 잠이 들었다.
- 과일을 씻지 않은 채 그냥 먹었다.

02 -으리라는/리라는

결심이나 계획, 추측이나 전망 등의 내용을 나타낼 때 사용한다.

- 영희는 이제 다시 그 사람과 헤어지지 않으리라는 다짐을 다시 한 번 해 본다.
- 어떤 일이 있어도 이번 사업에서 꼭 성공하리라는 각오로 열심히 일하고 있어요.
- 모든 국민은 새 대통령이 경제를 발전시켜 주리라는 기대를 하고 있다.
- 시간을 두고 배우면 언젠가 잘 되리라는 믿음을 가지고 있어요.

03 아무리 -기로서니

앞에 오는 문장의 사실은 인정하지만 그것이 뒤에 오는 문장의 충분한 이유나 조건이 될 수 없음을 나타낼 때 쓴다.

- 아무리 키가 크기로서니 2미터가 넘겠니?
- 아무리 철수가 잘못했기로서니 어쩌면 네가 그럴 수가 있니?
- 아무리 철이 없기로서니 어떻게 그런 말을 할까?
- 아무리 시간이 없기로서니 다른 사람의 숙제를 베껴서야 되겠어요?

04 -은/ㄴ 끝에

　'오랜 시간 동안 어떤 일을 힘들게 한 후에'라는 의미로 뒷문장에는 그 후에 얻게 되는 결과가 나온다.

- 애써 노력한 끝에 큰 성공을 거두게 되었다.
- 일주일 동안 밤새워 열심히 공부한 끝에 반에서 일등을 했다.
- 여기 저기 알아 본 끝에 그 친구가 이민을 갔다는 것을 알게 되었다.
- 여러 번의 시행착오를 겪은 끝에 신제품 개발에 성공했다.

제4과 바른 선택

01 선거와 투표

학습 목표 ● 과제 선거와 투표에 대해서 알아보기, 설득하기
● 문법 –는다뿐이지, –을 법하다 ● 어휘 선거

위 사진은 무엇을 하는 장면입니까?

여러분은 이런 장면을 본 일이 있습니까?

	1번 박영수(65세)	2번 김미선(55세)	3번 이수영(40세)
지지율	45%	39%	15%
주요 경력	경제학 교수 서울 시장, 국무총리	방송인 통일부 장관	인권 변호사 환경 운동가
이념 성향	안정 보수 성향	중도 개혁 성향	급진 개혁 성향
주요 공약	여성 복지법 강화 100만 일자리 창출	외교 통일 정책 강화 교육 정상화 정책	부동산 안정화 비정규 노동법 개정

대통령 후보들의 광고물입니다.

1) 여러분은 어느 후보를 지지하겠습니까? 그 이유는 무엇입니까?

2) 여러분 나라의 대표적인 정치인은 누구입니까? 소개해 봅시다.

대화

CD1:16~17

정희 TV에서 대통령 후보들이 선거 유세를 한다는데 민철 씨도 볼 거지요?

민철 물론이지요. 그런데 정희 씨는 누구를 선택할지 결정하셨어요?

정희 아직 결정하지 못했어요. 하지만 3번 후보의 공약이 구체적이고 현실적이라고 생각해요. 비정규직 노동자 문제라든지 공공주택 보급 방안 등 국민들의 민생 문제에 대한 해결 방안을 많이 내 놓았어요.

민철 그렇지만 3번 후보는 공약만 좋다뿐이지 뒷받침할 인력이 충분하지 않아요. 대통령은 후보자 본인도 중요하지만 소속 정당도 중요하다고 생각해요. 그런 점에서는 기호 1번의 후보가 대통령이 되는 것도 괜찮을 듯싶어요.

정희 그 당은 보수적인 성향이 강해서 좀 염려가 돼요. 2번 후보가 정당도 안정적이고 국민을 위한 정책도 내 놓아서 많은 사람들이 지지할 법한데 왜 지지율이 낮은지 모르겠어요. 여자라서 그럴까요? 혹시 민철씨도 2번 후보가 여자라서 믿음이 안 가는 것은 아니에요?

민철 정희 씨는 절 어떻게 보고 그러세요. 설마 제가 남자라고 해서 무조건 여자가 대통령이 될 수 없다고 생각하겠어요?

정희 민철 씨를 그런 사람으로 생각하는 것은 아니에요. 하지만 선거 때마다 지연이나 학벌, 성별 등에 얽매여 본질적인 판단을 못하는 사람들이 너무 많아요.

민철 하지만 요즘은 그런 분위기도 점점 바뀌고 있는 것 같아요. 이번 선거에서는 후보자들의 선거 공약이 실현 가능한지를 검토해 보는 운동도 활발하게 전개되었으니 국민들도 잘 살펴보고 선택할 수 있을 거예요.

01 각 후보에 대한 설명을 읽고 알맞은 기호 번호를 쓰십시오.

❶ 국민들의 생활과 직접 관련된 고민을 많이 하였다. (기호 **3** 번)
❷ 소속 정당에 도움을 줄 인력이 충분하지 않다. (기호 ___ 번)
❸ 소속 정당이 보수적이어서 개혁 정책을 펼치기가 어렵다. (기호 ___ 번)
❹ 소속 정당이 안정적이고 국민을 위한 정책을 많이 내 놓았다. (기호 ___ 번)

02 정희와 민철은 각각 누구를 지지합니까? 그 이유는 무엇입니까?

선거유세 비정규직 공공주택 보급 민생 문제 인력 소속
보수적이다 성향 학벌 얽매이다 본질적이다 전개되다

03 대통령 후보자를 선택할 때 무엇을 보고 판단해야 할까요? 여러분의 생각을 이야기해 보십시오. (공약, 경력, 소속 정당, 이념 성향, 나이, 지역)

[보기] 저는 후보자의 공약을 잘 살펴봐야 한다고 생각해요. 공약이 현실성이 있어야 해요

어휘 선거 •

01 다음 표현을 익히고 질문에 답하십시오.

(가)	(나)
기호 _번	간접선거
낙선	기권하다
당선	선출하다
선거 공약	지지자
선거 운동	지지하다
선거 유세	직접선거
정당	투표하다
출마	후원자

1) (가)에서 알맞은 표현을 찾아 빈 칸을 채우십시오.

지난 국회의원 선거에 제 삼촌이 (   )했습니다. 삼촌의 (   )은/는 야당인 민주당이었고, (   )은/는 3번이었습니다. 삼촌은 심사숙고를 하여 (   )을/를 만들고 (   )에서 멋진 연설도 했습니다. 주민들을 만나서 지지를 호소하고 후원자를 찾는 등 선거운동을 했습니다. 여론 조사를 보고 (   ) 가능성이 아주 높아서 가족들은 모두 기대를 했습니다. 하지만 투표 결과는 아깝게도 2위였고 (   )으로/로 인해 실망이 컸지만 삼촌은 포기하지 않고 다시 도전하겠다고 합니다.

2) (나)에서 알맞은 표현을 찾아 빈 칸을 채우십시오.

민주주의 국가들은 나라의 대표자를 (   )기 위하여 선거를 하고 있습니다. 국민들은 여러 후보자들 중에서 자기가 (   )는/은/ㄴ 후보자들에게 (   )어/아/여 자신의 정치적 견해를 나타냅니다. 하지만 어떤 사람들은 선거나 정치 등에 관심이 없습니다. 선거 때마다 투표소에 가지 않고 (   )는/은/ㄴ 사람들도 있습니다.

02 최근에 여러분 나라에서 출마한 정치가 중 한 사람을 선택하여 보기와 같이 말해 봅시다.

	[보기]	여러분의 나라
이름	이명박	
소속 정당	한나라당	
선거 번호	기호 2번	
선거 공약	경제 발전, 대운하 건설	
선거 유세 방법	TV 연설	
선거 결과	대통령 당선	

[보기] 2007년 12월 19일, 한국에서는 대통령 선거가 있었습니다. 이명박 씨는 한나라당의 대통령 후보로 출마했습니다. 그의 기호는 2번이었습니다. 그는 대한민국의 경제 발전과 대운하 건설을 공약으로 제시해서 큰 호응을 얻었습니다. 그는 텔레비전 광고를 통해 서민적인 모습을 보여주는 선거 유세를 했습니다. 그는 2위와 아주 큰 표차를 보이며 제17대 대한민국 대통령으로 당선되었습니다.

문법

01 다음을 읽고 문법 및 표현을 익혀봅시다.

> 문 도지사는 지명도만 **낮다뿐이지** 그 능력은 어느 정치가 못지 않다. 40여 년 동안 연세 기업을 경영해 오면서 세계적인 기업으로 성장시켰고, 국민들에게 제일 존경받는 기업가로 선정된 적도 여러 번 있다. 그러므로 총선거에 출마하면 대통령으로 **당선될 법도 한데** 왜 출마할 의사를 표명하지 않는지 모르겠다.

-는다뿐이지/-ㄴ다뿐이지/다뿐이지

1) 보기와 같이 대화를 완성하십시오.

> [보기] 가: 그 후보가 선거법을 위반했다는 증거가 있어요?
> 나: 아직 증거가 없다뿐이지 모든 사람이 다 아는 사실이에요.

1) 가: 넌 네 동생을 왜 그렇게 미워하니?
   나: 동생을 좋아하지 않는다뿐이지 _____.

2) 가: 저 사람은 공부를 오래 했으니 아는 것도 많겠지?
   나: 저 사람은 공부만 오래 했다뿐이지 _____.

3) 가: 그 사람은 말을 잘 해서 그런지 정말 믿음이 가는 사람이야.
   나: _____ 는다뿐이지/ㄴ다뿐이지/다뿐이지 별로 믿을 수 있는
   사람은 아니에요.

4) 가: 저 후보는 대학생들이 지지하지 않는 걸 보니 다른 사람들도 지지하지 않겠군요.
   나: 아니에요. _____.

-을/ㄹ 법하다

2) 다음 표를 채우고 보기와 같이 이야기해 보십시오.

추측	사실
[보기] 지지율이 5% 미만이면 기권할 것이다	꿋꿋하게 선거운동을 하고 있다
❶ 해외파 선수들까지 동참했으니까 이길 것이다	10:0으로 졌다
❷ 대기업 회장으로 만족할 것이다	국회의원 선거에 출마했다
❸ 여직원의 음주 정도는 이해할 수 있을 것이다	부장이 공개적으로 비난했다
❹ 지금쯤은 대책이 마련됐을 것이다	정부가 발표를 미루고 있다

[보기] 지지율이 5% 미만이면 기권할 법한데 꿋꿋하게 선거운동을 하고 있네요.

02 위의 두 표현을 사용해서 여러분이 알고 있는 정치가를 평가해 보십시오.

[보기] OOO 대통령은 경제상황이 호전되어서 지지율이 오를 법도 한데 오히려 낮아졌어요. 아마 경제안정을 이루었다뿐이지 민주주의를 정착시키지 못했다는 평가 때문인 것 같아요.

과제 1 읽고 말하기

01 다음은 국회의원의 선거 연설문입니다. 읽고 질문에 답하십시오.

〈국회의원 선거 연설문 1〉

안녕하십니까! 민주당 기호 2번, 강석천 인사 드립니다.

시민 여러분! 살기가 쉽지 않으시죠? 국가 전체적으로는 경제가 좋아졌다고 하지만 아직도 우리 지역은 많은 분들이 경제적 어려움을 겪고 있습니다. 며칠 전 시청 앞마당에서는 우리 시의 어민들이 시위를 했습니다. 바로 어민들의 실정에 맞지 않는 법 때문입니다. 제가 국회의원이 되면 제일 먼저 이 법을 고칠 것입니다.

또한, 중소기업들이 은행으로부터 돈을 쉽게 빌릴 수 있도록 하는 중소기업 진흥법을 만들도록 하겠습니다. 중소기업들의 사업이 활발해지면 인천의 경제가 살아날 수 있을 것이고 일자리를 얻지 못한 실업자들이 취업할 수 있는 기회가 많아질 것입니다. 이 강석천은 서민 경제를 어떻게 풀어야 할지 잘 알고 있습니다.

존경하는 시민 여러분!

어떤 사람은 저를 배신자라고 합니다. 지난번에 제가 공화당 국회의원이었는데 이번에는 민주당 후보로 출마한 것을 비난하는 것이지요. 하지만 제가 왜 민주당으로 당을 바꾸었는지 아는 사람은 절대 비난할 수 없습니다. 제가 자신의 명예를 추구하기 위해서 당을 바꾸었습니까? 아닙니다. 국회의원 한 번 더 하자고 당을 바꾸었습니까? 그것도 아닙니다. 바로 우리 지역의 발전을 위해서 당을 바꾸지 않을 수가 없었습니다. 지난번 국회의원 활동 중에 저는 우리 지역에 몇 가지 큰 사업을 유치하려고 맨발로 뛰었습니다. 하지만 공화당에서는 우리 지역 사업에 손을 들어주지 않았습니다.

그런데 제가 낙심해 있을 때 민주당 총재께서 제 손을 들어주었습니다. 그 결과 우리 지역에서 아시안 게임을 유치할 수 있었습니다.

시민 여러분! 민주당 총재께서는 우리 지역의 발전에 관심이 많으십니다. 그리고 앞으로 이 강석천이가 하는 일은 무조건 도와주기로 약속을 하셨습니다. 저는 결국 제 개인의 이익이나 명예보다는 우리 지역의 발전을 위해서 당적을 바꾼 것입니다.

존경하는 시민 여러분!

이 강석천이에게 우리 지역의 경제적 발전을 맡겨 주십시오. 한 번도 시민 여러분을 실망시킨 적이 없는 이 강석천, 이 강석천이가 다시 우리 지역을 위해 큰 일을 해 낼 것입니다. 믿어 주십시오. 감사합니다.

1) 후보에 대한 정보를 정리해 보십시오.

기호	소속	이름	공약
........번	........당		❶ ❷

2) 이 후보는 무엇 때문에 당적을 바꾸었다고 주장합니까? (   )

❶ 지역의 발전을 위해서

❷ 자신의 명예를 회복하기 위해서

❸ 다시 한 번 국회의원으로 봉사하기 위해서

❹ 바꾼 당의 총재와 긴밀한 관계에 있기 때문에

<국회의원 선거 연설문 2>

　여기 모이신 시민 여러분, 안녕하십니까? 공화당 기호 1번 정재인 인사 올립니다.

　여러분! 우리 대통령께서 경제를 살리기 위해 얼마나 노력하셨습니까? 그런데 우리 대통령께서 세계 각국을 찾아다니며 협상을 하고 계실 때 민주당에서는 대통령을 비난하고 헐뜯기만 하고 있습니다. 여러분 이것이 슬프게도 제 1야당이라는 민주당의 현실입니다. 이 당을 지지하시겠습니까? 여러분!

　지난 번 자동차 공장 파업 때도 민주당은 노동자 여러분을 선동하여 문제만 일으켰지 해결을 위해 무엇을 했습니까? 책임을 졌습니까? 결코 아닙니다. 아무 것도, 아무런 책임도 지지 않았습니다.

　존경하는 시민 여러분! 지금 남북문제는 긴장과 대립으로 풀 수 없습니다. 그래서 지난 주 대통령께서는 베를린에서 북한에 대해 화해의 선언을 했습니다. 민주당은 대통령이 인기를 위해서 북한을 이용한다고 말하고 있습니다. 정말 민주당 사람들은 비판만 할 줄 알았지 우리에게 무엇이 필요한지 모르는 사람들입니다. 여러분! 우리가 왜 북한과 화해를 해야 하는지 모르십니까? 우리 지역에는 많은 분들이 북한에 가족을 두고 오셨습니다. 고향 땅과 가까운 곳에 살아보겠다고 우리 지역으로 오신 분들이 많습니다. 우리는 이 분들이 하루라도 빨리 가족을 만날 수 있도록 도와드려야 합니다. 우리는 같은 동포이기 때문입니다.

또한 북한과 화해해야만 우리 지역 어민들의 생존권이 보장됩니다. 남한과 북한의 군대가 서해에서 대치를 계속한다면 우리 어민들은 고기를 잡을 수가 없습니다. 더구나 북한의 어민들이 조직적으로 남한 땅까지 들어와서 마구잡이로 어업을 하고 있는데 이것을 막지 못하면 우리 어민들은 앞마당의 물고기까지 빼앗기는 꼴이 됩니다. 우리 대통령께서는 북한과의 화해라는 방법을 통해서 서해 어장을 보호하려고 하는 것입니다.

존경하는 시민 여러분!

이런 대통령의 뜻을 잘 알고 구체적으로 실천할 수 있는 사람이 바로 누구입니까? 바로 저 정재인입니다. 비판을 일삼기보다는 같이 일하는 분의 뜻을 알고 섬기는 사람이 바로 저 정재인입니다. 시민 여러분! 저는 여러분을 섬기는 정치를 하겠습니다. 감사합니다.

3) 후보에 대한 정보를 정리해 보십시오.

기호	소속	이름	공약
.... 번	.... 당		

4) 이 후보가 상대 당을 공격하는 중심 내용은 무엇입니까? (   )

❶ 민주당은 맹목적 비난과 편 가르기를 하고 있다.

❷ 민주당의 공약은 구체적으로 실현 가능성이 없다.

❸ 민주당의 공약은 대중들의 민생 문제를 간과하고 있다.

❹ 민주당의 후보자는 도덕적으로 깨끗하지 못하다.

5) 이 후보에 따르면 남북이 화해한다면 얻을 수 있는 긍정적 효과는 무엇입니까? (   )

❶ 북한에 자동차 공장을 세울 수 있다.

❷ 북한의 인건비가 저렴한 인력을 이용할 수 있다.

❸ 국민들의 대통령에 대한 지지도가 높아진다.

❹ 어민들의 생존에 영향을 미치는 서해 어장을 보호할 수 있다.

6) 이 후보가 내세우는 자신의 장점은 무엇입니까?

02 여러분은 두 후보 중 어느 후보를 더 지지합니까? 다음 표에 정리해 보십시오.

지지하는 후보	
지지하는 이유	
다른 후보를 지지하지 않는 이유	

위 표를 이용하여 다른 후보를 지지하는 사람을 설득해 보십시오.

과제 2 설득하기

기능표현 익히기

- 더 좋은 방법이 없으니만큼 제 의견을 따르는 **것이 어떻겠습니까?**
- 그것을 하기가 어렵다면 이렇게 해 보는 **것이 어떨까요?**
- 그 문제는 이런 관점에서 다시 한 번 생각**해 보도록 합시다.**
- 지금 이 상황에서는 제 3안을 선택하는 **것도 고려해 볼 만합니다.**
- 그 사람 의견대로 해보는 **것도 괜찮을 듯싶어요.**

다음을 읽고 질문에 답하십시오.

나는 이번 대통령 선거에서 투표를 하지 않을 것이다.

왜냐하면 정치인들은 진실하지 않기 때문이다. 선거철이 되면 서민을 위한답시고 시장에도 찾아가고, 고아원이나 양로원에 가서 자원봉사를 하는 척하지만 일단 당선되고 나면 언제 그랬냐는 듯 서민들을 잊어버린다. 그들이 어려운 사람을 찾아가서 웃는 웃음은 표를 얻기 위한 가짜 웃음이라고 생각한다.

또한 우리나라 정치인들은 소신이 없다. 나는 정치인이 되려면 자신은 좀 손해 보더라도 국민을 위해 소신을 가지고 일을 해야 한다고 생각하는데 그런 정치인은 아무도 없다. 국회의원이 되어서 서민들을 위한 정책을 만들기는 커녕 오히려 자신들에게 이익이 되는 일만 한다. 정치인들이 패싸움을 하는 것도 대부분 자신의 의견보다는 자기 당의 정책에 따라 하는 것이다.

나는 정치인을 믿지 않는다. 그래서 난 그 사람들을 도와주는 선거 따위는 안할 것이다. 선거하는 날은 출근하지 않아도 되니까 혼자 여행이나 떠나겠다.

01 위 글을 읽고 다음 표를 정리해 보십시오.

핵심 주장	
주장의 이유	❶ 정치인들은 진실하지 않다. ❷

02 이 사람의 주장에 대한 여러분의 생각을 써 보십시오.

동의하는 부분	
동의하지 않는 부분	
동의하지 않는 이유	

03 위 표를 이용해서 이 글의 필자를 설득하는 이야기를 해 보십시오.

04 다음 글을 읽고 하나를 골라 정리한 후 설득하는 이야기를 해 보십시오.

가) 저는 흡연하는 사람들에게도 흡연권이 있다고 생각해요. 내가 좋아하지 않는 음식을 다른 사람이 좋아한다고 그것을 나무랄 수는 없는 일이지요. 흡연도 마찬가지예요. 다만 밀폐된 공간에서는 내 흡연으로 다른 사람까지 피해를 줘서는 안 되지요. 그래서 사무실 같은 곳에서는 안 피우는 것이 당연하지만 건물 안 공공장소에서 담배를 피우지 못하게 하려면 건물 안에 흡연실을 만들어 주어야 한다고 생각해요.

나) 저는 지금의 버스 전용 차선제를 확대해야 한다고 생각해요. 버스 전용 차선의 실시로 대중교통 이용객의 출근 시간이 20%쯤 단축되었다는 연구 결과가 있었어요. 물론 자가용 운전자들의 경우는 출근 시간이 더 늘어나고 불편한 점이 있지만 그것은 다수를 위해서 소수가 희생해야지요.

중심 생각	구체적 내용
글의 중심 생각	
글의 내용 중 동의하는 부분	
동의하지 않는 부분	
나의 주장	
주장의 이유	
기타	

02 분단의 극복

학습 목표 ● 과제 남북통일에 대해서 의견 나누기, 토론하기(사회자의 역할)
● 문법 -는 가운데, -을 테지만 ● 어휘 통일 정책

위 사진이 시사하는 내용은 무엇입니까?
남북통일에 대해서 어떻게 생각합니까?

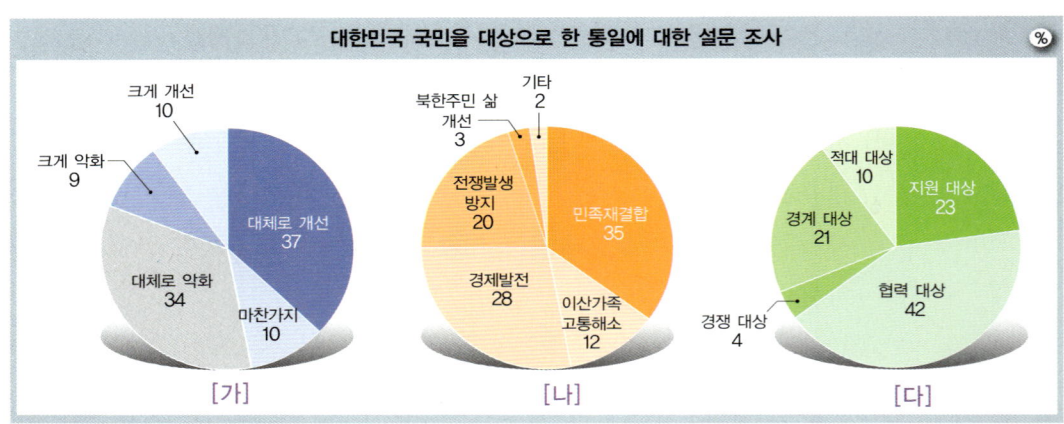

〈통일문제 국민여론조사, 2005년, 통일연구원〉

1) 다음 질문에 맞는 그래프를 (가)-(다)에서 찾으십시오.

❶ 북한이 어떤 대상이라고 생각하십니까?

❷ 통일이 필요한 가장 큰 이유가 무엇이라고 생각하십니까?

❸ 통일 후 경제성장이 통일 전에 비해서 어떻게 될 것이라고 생각하십니까?

2) 각 질문에 대해서 여러분은 어떻게 생각하십니까?

대화

CD1:18~19

사회자	지금까지의 논의를 요약해 보면 우리나라 국민들이 통일을 원하는 이유는 첫째, 우리 민족의 숙명이기 때문에, 둘째, 대한민국의 안정은 물론 세계 평화에 기여할 수 있기 때문에 등으로 정리할 수 있습니다. 그러면 이제부터는 현 정부의 통일 정책에 대해 토론을 하는 것이 어떨까 합니다. 먼저 신 국장님부터 말씀해 주시지요.
신 국장	지금 우리 정부는 북한의 정치적 개방을 유도하기 위하여 북한 정부를 적극적으로 지원하고 북한 정부와 협력하는 포용 정책을 펴고 있습니다. 이런 정책은 시간이 좀 걸리지만 남북 간의 이질화를 점진적으로 극복하고 통일의 부작용을 최소화하는 데 효과가 있습니다.
박 의원	우리 정부는 선의의 목적으로 북한을 지원했을 테지만 지금 우리 정부의 정책은 북한에 이용만 당하고 있다는 의견이 적지 않습니다. 저는 우리 정부가 북한에 무조건 퍼주기보다는 줄 것은 주되 받을 것은 철저히 받아내는 원리 원칙을 가졌으면 합니다. 〈중략〉
사회자	역시 예상했던 대로 정부의 정책에 대한 견해에서도 두 분의 의견이 확연히 갈라지는군요. 마지막으로 통일에 대한 두 분의 의견을 한 마디씩만 듣고 이 토론을 마치도록 하겠습니다.
신 국장	지금 우리 정부의 통일 정책은 오랜 조사와 연구 후에 나온 것입니다. 그러므로 국민 여러분이 정부를 믿고 정부의 정책을 지원해 주시면 우리 후손들에게는 통일된 대한민국을 물려줄 수 있지 않을까 생각합니다.
박 의원	우리 국민 대부분이 통일을 원하는 것은 분명한 사실입니다. 정부는 정부 주도의 통일 정책만을 고집할 것이 아니라 민간 차원의 교류를 확대해야 한다고 생각합니다.
사회자	네, 두 분 의견 감사합니다. 통일을 해야 하는 이유와 통일의 효과, 통일 정책에 대해 이야기하는 가운데 어느새 100분의 시간이 다 지났습니다. 통일에 대해 의견을 나누어 본 결과 통일로 가는 길이 어렵고 험난한 과정이라는 걸 알게 되었습니다. 이 토론이 국민 여러분 모두에게 도움이 되었길 바라면서 이만 마치도록 하겠습니다. 지금까지 사회자 홍소영이었습니다.

숙명 개방 유도하다 포용 이질화 점진적 선의 퍼주다 철저히 원리 원칙 확연히 험난하다

01 정부의 통일 정책을 한 단어로 말한다면 무엇입니까?

02 박 의원에 대한 설명으로 맞는 것은 무엇입니까?

❶ 정부의 정책을 무조건 비판하고 있다.

❷ 정부의 정책을 적극 지지하며 도울 방법을 찾고 있다.

❸ 정부의 잘못을 탓하기보다 북한에 잘못이 있다고 말하고 있다.

❹ 정부의 정책을 부분적으로 인정하지만 더 강한 다른 의견이 있다.

03 남북한 통일에 대해 어떻게 생각하십니까? 보기와 같이 여러분의 생각을 이야기해 보십시오.

[보기] 저는 남북통일이 10년 안에 가능하다고 봅니다. 통일을 위해 남한과 북한은 우선 서로 민간 교류가 먼저 이루어져야 합니다. 통일 방법으로는 남한과 북한의 연방 정부를 수립해야 문제가 없을 것입니다. 통일 후에는 경제 문제를 해결하는 것이 가장 큰 숙제인데 이를 위해 남한은 북한 주민의 경제 활동을 지원해야 할 것입니다.

어휘 통일정책

01 다음 표현을 익히고 질문에 답하십시오.

(가)	(나)
(정부) 주도	
(민간) 주도	
개방	정착되다
번영	극복하다
부작용	협력하다
분단	교류하다
안정	포용하다
원리 원칙	
이질화	
통일 비용	

1) 다음 설명에 맞는 표현을 (가)에서 찾아 쓰십시오.

❶ 갑자기 변하지 않고 일정하게 유지되어 편안한 느낌이 있음   (   )

❷ 같았던 두 가지가 서로 달라짐   (   )

❸ 문을 열어 들어오고 나가는 것이 자유로움   (   )

❹ 어떤 일을 중심이 되어 이끌어 감   (   )

❺ 어떤 일을 할 때 부수적으로 나쁜 결과가 나타남   (   )

❻ 일이 잘 되고 발전하여 좋은 결과가 있음   (   )

❼ 하나였던 것이 둘로 나누어짐   (   )

2) (나)에서 알맞은 표현을 찾아 빈 칸을 채우십시오.

❶ 통일이 되기 위해서는 남한과 북한이 한 마음으로 서로 (   )어서/아서/여서
정책을 만들어가야 합니다. 두 정부가 다른 생각을 가지고 있다면 통일이 되기 어려울
것입니다.

❷ 통일 전에는 남한과 북한이 정치적으로나 경제적으로 활발하게 (   )으면서/면서 분단 후 서로 달라진 것들을 (   )으려는/려는 노력이 있어야 합니다. 어느 한 편이 다른 편에게 이용을 당한다는 생각이 있다면 통일을 이루기 어렵습니다.

❸ 통일이 된다면 한반도에 평화가 (   )을/ㄹ 것이고 동북아시아의 평화에도 기여하게 될 것입니다.

02 위의 표현을 사용하여 통일되지 않았을 때와 통일되었을 때의 한국이 어떻게 달라질지 정리하고 여러분의 생각을 이야기해 보십시오.

	통일되지 않았을 때	통일되었을 때
남북한의 사람들		
남북한의 경제		
동북아시아의 평화		
세계에서 한국의 위상		
주변 국가들의 생각		

[보기] 남북한 사람들은 통일되지 않으면 20년 후에는 이질화가 심화되어 서로 다른 생각을 하게 될 것입니다. 하지만 통일이 된다면 한 민족으로서 동질성을 회복하여 같은 민족으로 살아갈 수 있을 겁니다.

문법

01 다음을 읽고 문법 및 표현을 익혀 봅시다.

> 대한민국과 북한의 교류가 점점 활발해져 **가는 가운데** 사람들 사이에는 이제 통일 논의가 서서히 대두되고 있습니다. 하지만 저는 아직 통일은 시기상조라고 생각합니다. 통일이 되면 동북아시아에서 우리의 영향력이 **커질 테지만** 통일에 소요되는 막대한 비용을 감당하기에는 아직은 두 정부의 경제적 여력이 부족하다고 보기 때문입니다.

-는/은/ㄴ 가운데

1) 빈 칸을 채우고 보기와 같이 이야기해 보십시오.

상황	진행된 일
[보기] 생중계를 통해 온 국민이 지켜보고 있다	검찰의 조사 결과가 발표되었다
❶ 폭우가 쏟아지고 있다	119대원의 구조 작업이 계속되었다
❷ 여당과 야당이 정책적으로 대립하고 있다	국민 경제는 점점 더 어려워지고 있다
❸ 환경단체들의 반대 시위가 거세지고 있다	
❹ 수도권 인구가 급증하고 있다	

[보기] 생중계를 통해 온 국민이 지켜보는 가운데 검찰의 조사 결과가 발표되었다.

─을/ㄹ 테지만

2) 빈 칸을 채우고 보기와 같이 문장을 만드십시오.

의도	행위	의도와 다른 결과
[보기] 멋있게 보이고 싶었다	강도에게 대들었다	사람들은 무모하다고 생각했다
❶ 시험을 잘 보고 싶었다	밤을 새워서 공부를 했다	
❷ 잘 할 수 있을 거라고 생각했다	별로 연습을 하지 않았다	
❸ 형이 도와줄 것이라고 생각했다	형을 찾아갔다	
❹ 경제를 활성화하려고 했다	금리를 인하했다	

[보기] 멋있게 보이고 싶어서 강도에게 대들었을 테지만 사람들은 무모하다고 생각했다.

❶ ....

❷ ....

❸ ....

❹ ....

02 위의 두 표현을 사용해서 보기와 같이 이야기해 보십시오.

의도	행위	의도와 다른 결과
[보기] 여학생들이 보고 있다	한 남학생이 넘어졌다	남학생 생각 : 창피한 일을 당했다 여학생 생각 : 불쌍하다

[보기] 여학생들이 지켜보고 있는 가운데 한 남학생이 넘어졌다. 그 남학생은 창피한 일을 당했다고 생각했을 테지만 여학생들은 그 남학생이 불쌍하다고 생각했다.

과제 1 듣고 말하기 [CD1:20] ●

01 다음 토론의 전반부를 듣고 질문에 답하십시오.

1) 남북 철도 개통의 의미를 이 장관은 어떻게 보고 있습니까?

2) 박 의원의 중심 내용은 무엇입니까?

3) 철도는 몇 개의 노선이 개통되었습니까? 그 노선의 이름은 각각 무엇입니까?

4) 다음은 토론에 이어지는 사회자의 진행 발언입니다. ....에 알맞은 말을 써 넣으십시오.

> [보기] 역사적 상징성에 대해서는 같은 의견인 것 같습니다만 문제는 ....인 것 같습니다. 이 문제를 적극적으로 논의해 보면 어떨까 합니다.

02 다음 토론의 후반부를 듣고 질문에 대답하십시오.

1) 남북 철도 개통의 경제적 측면을 보는 통일부 장관과 야당 국회의원의 관점을 표현한 것을 모두 고르십시오. (,   )

❶ 긍정적 / 부정적   ❷ 장기적 / 단기적

❸ 개방적 / 폐쇄적   ❹ 적극적 / 소극적

2) 야당 국회의원이 남북 간의 진정한 대화가 힘들다고 보는 이유는 북한의 어떤 태도 때문입니까?

3) 다음은 통일부 장관의 반론을 정리한 것입니다. 알맞은 말을 넣으십시오.

남북 대화에는 (   )이/가 필요하다. 단기적으로 계산하는 태도는 옳지 않다. 북한에 대해 지원하는 것도 (   )은/는 아니다. 차관으로 제공되는 것이다.

4) 다음은 토론의 내용을 메모한 것입니다. 누구의 주장인지 쓰십시오.

메모한 내용	토론자
평화와 안정에 기여	통일부장관
북한의 웃돈 요구	
고비용 저효율	
주식 시장 안정화	

03 여러분은 누구의 생각을 지지합니까? 다음 표를 정리하고 이야기해 보십시오.

지지하는 사람	
지지하는 내용	
지지하는 이유	

과제 2 　토론하기(사회자의 역할) ●

기능표현 익히기

- 통일의 부작용에 대해서는 잠시 후에 토론하**기로 하면 어떻겠습니까?**
- 이에 대해 어떻게 생각하는지 청중의 의견을 들어보**는 것이 어떨까 합니다.**
- **지금까지의 이야기를 요약해 보면** 첫째는 이질화 극복, 둘째는 통일 비용으로 문제를 정리할 수 있겠습니다.
- 두 분의 이야기를 들어**본 결과** 아직도 풀어야할 과제가 많다는 것을 알게 되었습니다.
- 두 팀의 의견을 듣**는 가운데** 어느새 우리에게 주어진 시간이 다 지났습니다.

---

01 사회자가 과제 1에서 들은 토론을 마무리하려고 합니다. 빈 칸을 채우십시오.

마무리를 도입하는 말	지금까지 ＿＿＿＿＿＿＿＿＿＿에 대해 논의를 진행하는 가운데 100분의 시간이 지났습니다.
토론 내용의 요약	이 토론에서는 남북 철도 개통의 ＿＿＿＿＿＿＿＿＿＿에 대해 의견을 나누어 보았습니다.
결론	이 주제로 논의를 해 본 결과 남북 철도 개통의 경제적 가치를 보는 시각이 다양함을 알 수 있었습니다.
끝내는 말	저는 이 토론이 남북 철도 개통의 의의를 이해하는 데 도움이 되었기를 바라면서 토론을 마치려고 합니다. 지금까지 진행에 ○○○이었습니다/였습니다. 안녕히 계십시오.

02 다음을 읽고 질문에 답하십시오.

〈토론 제목〉

국회의원	이번 정상회담을 계기로 더 많은 기업들이 북한에 투자를 해 준다면 남북 관계는 경제 협력을 바탕으로 더욱 좋아질 거라고 생각합니다.
시민	저는 정상회담을 보면서 경제계 인사 분들의 걱정이 많이 됐는데요. 북한은 투자 환경이 열악하기로 유명하잖아요. 그런데 남한 기업들을 북한에 투자하라고 정부가 밀어붙이면 기업들에게 너무 많은 부담을 주고 있는 것은 아닌지 그런 생각이 듭니다.
국회의원	잘 아시다시피 기업들은 기업의 입장에서 판단해서 투자할 가치가 있을 때 투자를 하게 됩니다. 그걸 정부가 강요할 수도 없는 겁니다. 지금 말씀하신 것처럼 개성공단에 투자를 더 활성화하기 위해서는 가장 큰 난제가 바로 통신, 통행, 통관의 절차가 까다롭고 복잡했던 것인데 이것은 이번 정상회담에서 아주 구체적이고 명시적으로 다루어졌습니다. 그래서 앞으로 북한의 투자 환경이 크게 개선될 것이라고 봅니다. 그러면 남쪽의 기업들은 정부가 시키지 않아도 자연스럽게 북쪽에 투자할 거라고 봅니다.
시민	정부의 강요가 없다면 다행인데요. 제가 좀 걱정이 되는 것은 북한의 정치적 위험입니다. 금강산 관광 등 북한에 투자를 많이 하고 있는 현대 그룹의 경우만 하더라도 북한에 관한 뉴스가 나올 때마다 주가가 계속 요동치고 있지 않습니까? 그만큼 정치적 위험이 큰 곳에 기업이 자발적으로 투자하길 바라는 것은 현실적으로 문제가 있지 않을까요?
국회의원	정부가 북한의 투자 환경을 개선한다는 것은 남북 간의 군사적 긴장을 해소하는 것을 의미합니다. 그래서 남쪽의 기업이 스스로 북에 찾아가서 투자할 수 있도록 하는 것이지요. 이번에 정상회담에서 남북 간의 최고 지도자들이 직접 이 문제를 다룬 것도 결국 같은 생각에서 비롯된 것이지요.

1) 이 내용을 바탕으로 토론의 제목을 붙여 보십시오.

2) 시민의 우려와 국회의원의 답변을 다음과 같이 정리했습니다. 빈 칸을 채우십시오.

시민의 우려	국회의원의 답변
정부가 기업들의 북한 투자를 강요하여 부담을 주는 것은 아닌가	
	남북 간의 군사적 긴장을 해소하여 투자 환경을 개선한다

03 이 토론을 마무리하려고 합니다. 다음 표를 정리하고 이야기해 보십시오.

마무리를 도입하는 말	
토론 내용의 요약	
결론	
끝내는 말	

03 정리해 봅시다

I. 어휘

01 다음 설명에 알맞은 표현을 쓰십시오.

[보기] 회사에 정식으로 채용되지 않고 임시로 채용된 사람   비 정 규 직

1) 국민들의 생활에 꼭 필요한 문제 ☐☐☐☐

2) 나라를 관리하고 다스림 ☐☐

3) 마음이 넓어서 이해하고 받아들임 ☐☐

4) 같았던 것이 서로 달라짐 ☐☐☐

02 다음 표에 알맞은 표현을 쓰십시오.

❶ 후보자	김대한	이민국
❷	한나라당	민주당
❸	1번	2번
❹	안정적 번영	적극적 통일 정책
❺	TV 연설	대중 집회
선거 결과	❻	❼

03 다음의 표현을 사용해서 여러분 나라의 정치 혹은 경제에 대해서 이야기해 보십시오.

번영	부작용	개방	안정	비용	원칙	협력	극복

[보기] 우리나라는 지금부터 50년 전 박정희 씨가 대통령이 되면서 경제적으로 크게 발전하였다. 박정희 대통령은 한국의 번영을 위해 무역을 개방하고 다른 나라와 협력을 이루어 나갔다. 그 결과 한국은 세계에서 가장 빨리 경제적 성장을 이룬 국가가 되었다. 하지만 경제적 성장의 결과가 항상 긍정적인 것만 있는 것은 아니었다. 빈부의 격차가 커지면서 사회가 각박해지고 사람들이 성장을 지향하면서 경제적 가치만을 추구하는 현상이 나타났다. 이제 한국 사회는 급속한 경제 성장의 부작용을 극복해야 할 때다.

II. 문법

다음 문법을 사용해서 보기와 같이 대화를 완성하십시오.

-는 가운데	-을/ㄹ 테지만	-을/ㄹ 법하다	-는다뿐이지/ㄴ다뿐이지/다뿐이지

[보기] 직원 이 휴대폰을 한 번 보시겠어요? 디자인이 특이해서 인기가 있는 제품입니다.

손님 디자인이 특이하다뿐이지 별다른 기능이 없잖아요? 최신 제품이라면 카메라 기능은 말할 것도 없고 엠피스리(MP3) 기능이나 지피에스(GPS) 기능 정도는 갖추었을 법한데……

1) 가: 말리 씨는 언제나 공주처럼 말하고 행동하더라. 말할 땐 콧소리를 많이 섞어서 천천히 하고 행동도 아주 우아하게 하려고 노력하는 것 같아.

　 나: _____

2) 가: 우리 사장님은 퇴근 시간이 지나고 저녁 9시가 가까워지도록 댁에 돌아가실 생각을 안 하셔. 게다가 우리 직원들한테도 그 시간까지 일해 주기를 바라신다니까. 늦게까지 일하는 것이 일을 잘 하는 거라고 생각하시나 봐.

　 나: _____

3) 가: 엄마는 늘 잔소리를 하셔. 공부해라, 방 정리해라, 미리 미리 챙겨라 등등. 엄마의 잔소리를 이해 못하는 건 아니지만 항상 기분 좋게 들리는 건 아니야.

　　나: ....

4) 가: 스트레스가 쌓일 땐 역시 술을 좀 마시는 게 좋은 것 같아. 피로했던 몸에 새로운 기운이 돌고 기분도 편안해지는 것 같아서 말이야.

　　나: ....

III. 과제

우리 학교에서 학생 대표를 뽑으려고 합니다. 여러분이 후보자가 된다면 어떤 공약을 내세우시 겠습니까?

01 다음 표에 여러분의 생각을 정리해 보십시오.

	공약
도입하는 말	
내가 바라는 우리 학교는?	
우리 학교가 개선해야 할 것은?	
선생님과 학생들에게 당부하고 싶은 것은?	

02 정리한 내용을 발표하고 누구의 생각에 동의하는지 또는 반대하는지 이야기해 봅시다.

03 다음 순서에 따라 우리 반의 대표를 선출해 봅시다.

1) 선거 진행자 결정하기: 누가 선거를 진행했으면 좋겠습니까?
   선거위원장:
   기록하는 사람:

2) 후보자 추천받기
   여러분은 누구를 추천합니까?
   그 사람을 추천하는 이유는 무엇입니까?

3) 추천에 동의하기
   추천을 받은 사람이 지도자가 되는 것에 대해 동의합니까?

4) 후보자 공약 말하기
   누가 내 생각과 비슷합니까?
   누가 일을 잘 할 것 같습니까?

5) 투표하기

6) 당선 소감 말하기

문화

한국의 정치제도

한국은 정치제도로 대통령제를 실시하고 있다. 대통령제란 권력분립의 원리에 기초를 두고 입법부, 행정부, 사법부 상호간에 견제와 균형을 통해서 권력의 집중을 방지하고 국민의 자유와 권리를 최대한 보장하는 현대 민주국가의 정부형태를 말한다.

대통령제에서는 대통령을 수반으로 하는 행정부의 성립과 존속이 의회로부터 완전히 독립되어 있다. 대통령은 국민이 선출하고 행정부는 대통령에 의해서 구성되며, 대통령은 국가 수반인 동시에 행정수반으로서의 지위를 가진다. 대통령과 정부는 임기동안 의회에 대하여 정치적 책임을 지지 않으며 의회를 해산할 권한도 없다. 그리고 의회 의원과 행정부 각료의 겸직이 인정되지 않고 정부의 법률안 제출권이나 행정부 각료의 의회 출석, 발언권도 인정되지 않는다. 그러나 입법부와 행정부의 상호 억제와 균형을 위해 일반적으로 대통령은 법률안 거부권을 가지며, 의회는 고위 공무원 임명에 동의권, 국정 감사권, 조사권, 탄핵소추권 등을 가진다.

한국은 1948년 7월 20일 이승만을 초대 대통령으로 선출함으로써, 국가대표기관으로서의 국가원수인 동시에 행정부의 수반이라는 대통령제가 시작되었다. 그런데 1960년 4.19혁명으로 이승만이 하야하고 내각책임제 개헌안이 통과되어 제2공화국에서는 의원내각제가 잠깐 도입되었다. 그러다가 1961년 5.16 군사정변으로 제2공화국이 무너지고, 7개월의 군정 이후 1962년 제3공화국 때에는 대통령제로 환원되었다. 그 후부터는 지금까지 줄곧 대통령제를 실시하고 있다.

한국의 대통령은 직선제로 선출되며 임기는 5년이고, 단임제로 연임할 수 없다. 한국의 대통령은 국가원수로서의 지위와 행정부 수반으로서의 지위를 겸하고 있다. 국가원수로서의 지위는 대외적으로 국가를 대표하는 지위, 국가와 헌법의 수호자로서의 지위, 국정의 통합ㆍ조정자로서의 지위, 다른 헌법기관 구성자로서의 지위로 세분된다. 행정부 수반으로서의 행정 최고 지휘권자와 최고 책임자로서의 지위를 가진다

1. 한국의 대통령제는 어떤 변화과정을 겪었습니까?

2. 여러분 나라의 정치제도에 대해서 이야기해 봅시다.

3. 여러분 나라의 정치제도와 한국의 정치제도와 비교하여 장단점을 이야기해 봅시다.

01 -는다뿐이지/ㄴ다뿐이지/다뿐이지

선행절의 내용을 인정하지만 그것은 아주 작은 부분에 해당하며 그와 반대가 되는 내용이나 예상 밖의 내용이 후행절에 온다.

- 학교를 안 다녔다뿐이지 그는 모르는 게 없다.
- 애인이 아니다뿐이지 그녀는 나에 대해 모르는 게 없어요.
- 그는 조금 나이가 먹었다뿐이지 신랑감으로는 더할 나위 없는 사람이다.
- 그는 감독으로서 프로야구 우승을 하지 못했다뿐이지 모든 분야에서 거의 최고의 자리에 오르신 분입니다.

02 -을/ㄹ 법하다

어떤 상황이 일어날 만한 가능성이 많음 혹은 그렇게 되는 것이 마땅함을 나타낸다.

- 믿기지는 않지만 충분히 있을 법한 일이에요.
- 사생활 침해로 고소할 법도 하지만 문제 삼지 않겠대요.
- 작년 실적으로 봐서는 승진될 법도 한데 이번에도 밀렸어요.
- 다섯 번이나 떨어졌으면 포기할 법도 한데 계속 하겠다니 대단해요.

03 -는 가운데

선행문의 내용이 진행되는 중에 후행문의 내용이 발생했음을 나타낸다.

- 시민들이 지켜보는 가운데 축하 행렬이 광화문 앞을 지나가고 있습니다.
- 여러 사람이 보는 가운데 혼자 춤을 추기란 여간 어렵지 않아요.
- 총탄이 빗발치듯 날아오는 가운데 그 소대장은 부하를 구하기 위해 달려 나갔다.
- 공무원들의 비난이 계속되는 가운데에도 대통령은 구조조정을 계속해 나갔다.

04 –을/ㄹ 테지만

추측 가능한 내용, 혹은 예상되는 내용과 반대의 사실을 전달할 때 쓴다.

- 외국에서 공부하면 처음에는 고생할 테지만 풍부한 경험을 쌓을 수 있어서 삶에 큰 도움이 될 것이다.
- 지금은 이런 일이 의미 없다고 생각할 테지만 1년만 지나면 사장님이 왜 이런 일을 하게 했는지 이해할 거예요.
- 너는 나를 도와주려고 그 일을 했을 테지만 그러다가 몸이라도 더 나빠지면 안되니까 앞으로는 그 일을 하지 말아라.
- 시간이 늦었으니까 벌써 밥을 먹었을 테지만 이리 와서 떡이라도 한 개 먹어라.

제5과 스포츠

01 스포츠 과학

학습 목표 ● 과제 스포츠 과학의 발전 모습에 대해서 의견 나누기, 조사해서 발표하기
● 문법 −는 셈치고, −으련만 ● 어휘 스포츠 과학과 효과

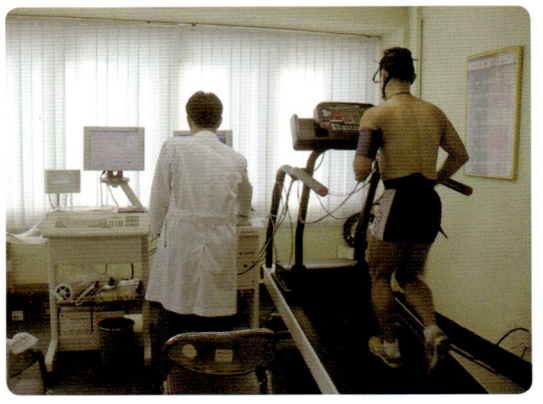
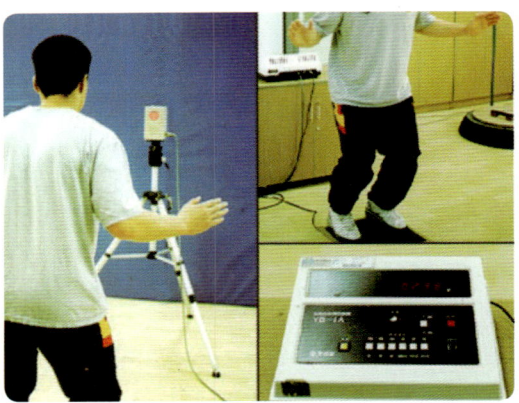

위의 사진은 무엇을 하는 장면입니까?
운동 실력을 향상시키기 위하여 어떤 노력을 하는지 이야기해 봅시다.

	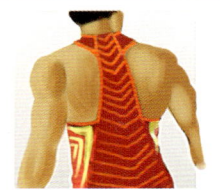		
마라톤화 (이봉주 선수 전용)	T자형 등판 유니폼	전신수영복	2006독일월드컵 공인구 '팀가이스트'
소재 자체가 공기를 흡입하고 습기를 내뿜도록 함. 일반 마라톤화보다 통기성이 30% 높아 내부 온도가 2도가량 낮음	단거리 육상 선수들을 위하여 개발됨. 어깨 뒤를 고정시키고 몸에 착 달라붙게 만들어 어깨 부위의 움직임이 가벼움.	물과 공기의 저항을 감소시키고 부력을 증가시킴. 상어 비늘의 원리를 적용함.	2002년까지는 공의 면이 32조각이었으나 14조각으로 줄어듦. 모서리의 수를 줄여 구에 가까워지면 공의 진행 속도와 정확도가 높아짐.

다음은 스포츠 과학의 기술로 개발된 스포츠 용품들입니다.

1) 여러분은 위의 용품 중에서 어떤 것을 가지고 싶습니까? 이유는 무엇입니까?

2) 여러분이 알고 있는 첨단 스포츠 용품에 대해 이야기해 보십시오.

대화

🔊 CD1:21~22

민철	어휴, 힘들다. 좀 쉬자. 너도 물 좀 마실래?
친구	너 정말 운동부족이구나. 자, 이 스포츠 음료 마셔. 물을 마시면 당장의 갈증은 해소되지만 체내에서 필요로 하는 충분한 수분 섭취는 안 돼. 운동 중에 위에 부담을 줄 수도 있고.
민철	또 스포츠 과학 전공자 티를 내는구나. 그건 그렇고 이 운동화 어때? 이래봬도 이게 유명 육상선수가 금메달 딸 때 신었던 바로 그 제품이야. 무게도 가볍고 땀도 안 나서 참 좋다.
친구	말이 나왔으니 말인데 얼마 전에 93그램짜리 초경량 육상화가 개발됐다더라. 신발을 신고 있는 사실조차 잊을 정도라는데 실의 강도는 보통실의 수천 배이고, 신발 안에서 발이 미끄러지는 것도 완벽히 방지한대.
민철	우와, 대단하다. 0.001초를 줄이기 위해 안간힘을 쓰는 단거리 선수들에게는 신발 몇 그램의 차이로 메달의 색깔도 달라질 수 있겠네.
친구	그게 바로 스포츠 과학의 산물이지. 하지만 그건 빙산의 일각에 불과해. 선수들을 낱낱이 분석해서 개개인에게 맞는 최적의 프로그램을 개발하고, 상대 선수의 경기 장면을 촬영해서 기술을 분석하고 대응 전략까지 개발하고 있어. 또 현지 분위기를 재현하고자 가상 경기장을 만들어 기후나 관중들의 소음에까지도 익숙해지게끔 심리훈련도 하고 있을 정도라고.
민철	반세기 전만 해도 맨발의 마라토너가 세계를 제패했었는데. 이쯤 되면 이젠 스포츠가 아니라 과학기술의 대결인 것 같구나. 그렇다면 선수 하나 기르는 셈치고 네 전공을 활용해서 내 운동실력을 확 높여줄 수는 없겠니?
친구	그런 좋은 운동화를 신었으면 남들만큼이라도 뛰어야 하련만 10분도 못 뛰고 주저앉는 네게는 모든 첨단 과학을 동원해도 불가능할 듯싶구나. 스포츠 과학도 선수의 선천적인 체력과 노력이 밑바탕이 되어야 최고의 효과를 볼 수 있는 거란다.

티를 내다 초경량 강도 방지하다 안간힘을 쓰다 산물 빙산의 일각
낱낱이 최적 재현하다 가상 제패하다 선천적 밑바탕

01 대화의 내용에 맞는 것을 고르십시오.

❶ 민철은 스포츠 과학이 발달하지 않았던 시대를 그리워하고 있다.

❷ 민철은 유명 스포츠 운동화를 신은 것을 자랑하고 있다.

❸ 친구는 스포츠 과학의 전공자로서 지나친 과학의 발달을 우려하고 있다.

❹ 친구는 앞으로 민철의 운동실력 향상을 위해 전공을 발휘해 도와줄 것이다.

02 대화에 나타난 스포츠 과학의 구체적인 예를 모두 찾으십시오.

03 스포츠 과학 분야에서 무엇이 더 개발되면 좋을지 이야기해 보십시오.

[보기] 저는 얼마 전 우리나라 선수들이 외국 관중들의 소음과 야유에 힘들어하는 걸 봤어요. 그래서 양궁이나 사격, 역도 같이 고도의 집중력을 요하는 종목의 경기 때에는 적당한 순간에 관중석의 모습과 소리를 차단할 수 있는 장치가 있으면 좋겠다는 생각을 했어요.

어휘　　스포츠 과학과 효과

01　다음 표현을 익히고 질문에 답하십시오.

(가)	(나)
전신운동	
유산소 운동	통기성
근력 운동	탄성
체력	기록 단축
정신력	대응 전략
지구력	심리 훈련
경기력	긴장 완화
폐활량	

1) (가)에서 알맞은 표현을 찾아 빈 칸을 채우십시오.

[보기] 온몸을 골고루 움직이는 운동이며 공으로 하는 대부분의 운동이 여기에 속한다.	전신운동
정신 활동의 힘을 말하며, 양궁 선수들은 고드의 집중력과 이것이 요구된다.	
몸 안에 최대한 많은 양의 산소를 공급시켜 심장과 폐의 기능을 향상시키는 것으로 에어로빅 운동이라고도 한다.	
오랫동안 버티며 견디는 힘을 말하며, 철인 3종 경기와 같은 운동에서는 강한 근력과 함께 이것이 필요하다.	
운동선수나 팀이 운동 경기를 해 나가는 능력으로서, 김 선수는 부상의 후유증으로 요즘 이것이 떨어져 매번 패하고 있다.	

2) (나)에서 알맞은 표현을 찾아 빈 칸을 채우십시오.

❶ 운동역학 분야에서는 최근 상대방의 경기장면을 분석해서 시간대별로 어떻게 경기를 해야 하는지 (   )을/를 개발하는 것까지 가능하다고 합니다.

❷ 최근 유명 스포츠의류 회사가 제작한 육상복은 공기의 저항을 줄여줄 뿐만 아니라 몸의 열과 땀을 빨리 배출시키는 (   )이/가 매우 뛰어나 이를 입은 선수들의 (   )이/가 예상됩니다.

❸ 선수들은 경기장에 나가면 심리적으로 위축감을 느끼고 불안감이 높아지게 마련인데, 빨리 긴장감을 풀고 경기에 집중할 수 있도록 평소에 (   )을/를 하는 것이 중요합니다.

❹ 새로 나온 이 제품은 신발 밑창뿐 아니라 뒤축과 옆면까지도 공기망을 확대 장착하여 (   ) 과/와 신축성이 매우 뛰어납니다.

02 위의 표현을 사용하여 여러분이 알고 있는 스포츠 과학의 사례에 대하여 이야기해 보십시오.

[보기] 지난 올림픽 때 화제가 됐던 어느 마라톤화는 선수가 달릴 때 뒤꿈치에 전달되는 충격을 흡수하는 첨단 소재를 사용해 탄성과 강도를 높임으로써 경기력을 4%쯤 향상시켰다고 해요. 전문가들이 말하기를 4%의 경기력 향상은 마라톤 경기에서 4분쯤에 해당하고 이는 곧 순위경쟁에서 1등과 22등의 차이라고 하니 정말 대단하지 않아요?

01 다음을 읽고 문법 및 표현을 익혀 봅시다.

일주일 전에 친구 영수가 나를 찾아와 농구를 가르쳐 달라고 했다. 회사에서 농구 시합을 하는데 꽤 많은 상금이 걸려 있다고 한다. 영수가 하도 사람 **살리는 셈치고** 좀 도와 달라고 해서 날마다 시간을 쪼개서 영수네 팀에게 기술을 가르쳐 주고 있다. 하지만 어떻게 이런 조합이 있을까 싶을 정도로 개개인의 기술은 물론 팀의 조직력도 엉망이다. 그들에게 조금만 더 운동신경이 있다면 **좋으련만** 그들의 경기를 보고 있으면 전직 농구 코치인 내 실력이 무색할 정도다. 며칠 만에 운동 실력을 급속도로 향상시킬 만한 과학기술은 아직 개발되지 않은 걸까?

–는/은/ㄴ 셈치고

1) 다음을 연결하고 보기와 같이 이야기해 보십시오.

[보기] 운동하다 ●	● TV에서 선전하는 다이어트약을 샀다.
속다 ●	● 살 테니 당장 나가라
한국말 연습하다 ●	● 아는 길도 물어보면서 갔다
월급의 20만원은 없다 ●	● 날마다 집에서 학교까지 걸어다닌다
부모 말 안 들으면 딸자식 하나 없다 ●	● 매달 적금을 들었다

[보기] 운동하는 셈치고 날마다 집에서 학교까지 걸어다닌다.

–으련만/련만

2) 보기와 같이 다음 대화를 완성하십시오.

[보기] 가: 저 선수는 최첨단 운동복에 최고의 훈련을 받았는데도 왜 실력이 안 좋아질까요?
　　　나: 글쎄 말이에요. 저렇게 과학적인 훈련을 받았으면 좋은 기록을 세울 만도 하련만 아무래도 요즘 슬럼프인가 봐요.

❶ 가: 돈 있으면 10만원만 좀 빌려줄래?
　 나: 미안해. 돈이 있으면 ＿＿＿＿＿＿＿＿＿＿으련만/련만 나도 요즘 주머니 사정이 안 좋아.

❷ 가: 영수야, 너희 부모님께서 너를 많이 보고 싶어하시더라.

나: _____으련만/련만 회사일이 많이 밀려서 틈을 낼 수가 없어.

❸ 가: 내일 아침에 바다에서 해 뜨는 모습을 볼 수 있을까?

나: 글쎄. _____으련만/련만 일기예보에 의하면 내일 흐리다고 하던데.

❹ 가: 미선아, 사귀는 남자랑 언제쯤 결혼할 예정이야? 사귄 지 벌써 5년이나 되지 않았니?

나: _____으련만/련만 _____.

02 위의 두 표현을 사용하여 하고 싶은 일을 하지 못했던 경험을 이야기해 봅시다.

[보기] 저는 대학교 때 외국에 어학연수를 다녀오지 못한 것이 후회돼요. 당시에는 아르바이트 하면서 돈을 무조건 절약하면서 하고 싶은 일도 마음대로 하지 않고 지냈는데, 그냥 돈 버리는 셈치고 1년만 자신에게 투자했더라면 하는 생각이 들어요. 그랬다면 지금 영어 때문에 입사 시험에서 떨어지지 않았으련만 매번 최종 영어 면접에서 떨어져 정말 힘들어요.

과제 1 듣고 말하기 [CD1:23] ●

다음을 듣고 질문에 답하십시오.

01 무엇에 대한 내용입니까?

❶ 약물 남용의 악영향
❷ 스포츠 과학의 부정적인 영향
❸ 어느 수영 선수의 성공 이야기
❹ 스포츠 과학의 효과와 나아갈 방향

02 들은 내용에 맞지 않는 것을 고르십시오.

❶ 박 선수가 입은 새 수영복은 순수 국내기술로 만들어졌다.
❷ 박 선수의 메달 획득은 스포츠 과학에 힘입은 부분이 있다.
❸ 약물 복용 사실이 발각되면 땄던 메달을 빼앗기게 된다.
❹ 모든 선수들이 과학기술이 스포츠에 도움을 주는 것에 찬성하는 것은 아니다.

03 러시아의 수영 선수는 전신 수영복을 왜 입지 않았습니까?

04 여러분은 스포츠와 과학이 만나는 적정선이 어디라고 생각합니까?

과제 2 발표하기 (시작)

기능표현 익히기

〈인사, 발표자 소개하기〉

- **안녕하십니까? 저는** 미국에서 온 제임스**입니다.**

〈화제 제시하기〉

- 저는 오늘 스포츠의 역사**에 대하여 발표하고자/말씀드리고자 합니다.**
- 제가 오늘 말씀드리려고 하는 **주제는** 스포츠의 역사**입니다.**

〈발표 목적 제시하기〉

- 제 발표의 **목적은** 스포츠 대중화의 방향을 찾아보는 **데에 있습니다./것입니다.**

〈발표 내용 제한하기〉

- 저는 스포츠의 역사 **중에서** 근대 스포츠의 역사에 국한하여/관하여/대하여 발표하고자 **합니다.**

〈내용 전개 순서 제시하기〉

- 저는 발표 내용을 **다음의 네 부분으로 나누어/순서로** 설명하고자 합니다.
- **우선/첫째** 스포츠의 일반적인 역사, **둘째, 셋째, 마지막으로/끝으로...**

〈질문에 대해 언급하기〉

- 만약 질문이 있으시다면 발표가 끝난 후에/언제든지 해 주셔도 괜찮습니다.

다음은 발표문의 서두 부분입니다. 읽고 질문에 답하십시오.

한국 씨름에 대하여

(가) 안녕하십니까? 저는 일본에서 온 다나카입니다.

(나) 저는 한국의 전통스포츠인 씨름에 대하여 발표하고자 합니다. 씨름이란 두 사람이 샅바나 띠를 매고 상대방을 먼저 넘어뜨려 승부를 내는 운동을 말합니다. 씨름과 같은 격투기는 인류의 생존과 함께 시작되었다고 할 수 있을 만큼 인류 역사상 가장 오래된 경기라 해도 과언이 아닙니다. 이러한 사실은 씨름을 고유의 민속 경기로 즐기는 나라가 비단 한국뿐만이 아니라 중국, 일본, 몽골, 터키, 스위스, 러시아, 브라질, 세네갈 등 30여 개국에 이르는 것을 보아도 알 수 있습니다.

(다) 제 발표는 여러 나라의 씨름 중에서 한국 씨름에 관한 것입니다. 한국 씨름의 흐름을 보면 20세기에 한국에 수많은 서구의 경기가 들어오면서 씨름은 최고의 국민 스포츠의 자리를 내 주게 됩니다. 왜냐하면 국내 경기만 실시되는 씨름은 신교육을 받은 젊은 세대들에게 구태의연한 스포츠로 인식됨으로써 점차 인기가 없어졌고 다른 스포츠에 비해 경쟁력을 잃게 되었기 때문입니다.

(라) 제 발표의 목적은 근대까지도 대중들에게 인기가 있었던 국민스포츠 씨름이 현대에 와서 쇠퇴하게 된 원인을 구체적으로 살펴보고 씨름의 대중화를 위한 바람직한 방안을 모색해보는 데에 있습니다.

(마) 이를 위하여 저는 첫째, 씨름의 역사와 종류, 둘째, 방법과 규칙, 셋째, 씨름 경기의 변천과 근대화 과정, 마지막으로 현대 씨름의 쇠퇴 원인과 대중화를 위한 바람직한 방안의 네 부분으로 나누어 말씀드리고자 합니다.

(바) 만약 질문이 있으시다면 발표가 끝난 뒤 해 주시면 감사하겠습니다.

〈본문, 결론 생략〉

01 윗글에서 화제를 제시하는 부분은 어느 곳입니까?

❶ 〈가〉　　　　❷ 〈나〉　　　　❸ 〈다〉　　　　❹ 〈라〉

02 윗글에서 발표 목적을 제시하는 부분은 어느 곳입니까?

❶ 〈나〉　　　　❷ 〈다〉　　　　❸ 〈라〉　　　　❹ 〈마〉

03 다음은 발표문의 서두에서 주로 쓰이는 기능 표현들입니다. 각각의 기능이 나타난 단락을 찾고 문장을 써 보십시오.

기능	단락	문장
인사와 발표자 소개하기	(가)	
화제 제시하기		
발표 내용 제한하기		
발표 목적 제시하기		제 발표의 목적은 근대까지도 대중들에게 인기가 있었던 국민스포츠 씨름이 현대에 와서 쇠퇴하게 된 원인을 구체적으로 살펴보고 씨름의 대중화를 위한 바람직한 방안을 모색해보는 데에 있습니다.
내용 전개 순서 제시하기	(마)	저는 첫째, 씨름의 역사와 종류, 둘째, 방법과 규칙, 셋째, 씨름 경기의 변천과 근대화 과정, 마지막으로, 현대 씨름의 쇠퇴 원인과 대중화를 위한 바람직한 방안의 네 부분으로 나누어 말씀드리고자 합니다.
질문에 대해 언급하기		

04 한국과 관련된 것에 대해서 조사하여 발표하려고 합니다. 다음의 표를 채우고 서두의 내용을 생각해 보십시오.

주제의 예 – 한국 음식
　　　　한국의 전통의상(한복)
　　　　한국의 전통스포츠
　　　　한국의 교육
　　　　한국 드라마와 영화의 특징 등

발표 제목	
인사와 발표자 소개하기	
화제 제시하기	
발표 내용 제한하기	
발표 목적 제시하기	
내용 전개 순서 제시하기	
질문에 대해 언급하기	

05 위의 표를 바탕으로 발표해 보십시오.

02 스포츠 정신

위의 장면들은 어떤 상황인 것 같습니까?
이와 비슷한 상황을 보거나 직접 경험한 적이 있습니까?

"심판 탓하기 앞서 너 자신의 플레이를 돌아보라"
어제 농구 결승전은 '각본 있는 드라마'?
女핸드볼 감독 "세계챔피언도 이길 수 없는 경기였다"
K리그 심판 판정, 또 도마 위에 오르나?
엄중처벌로 '그라운드 폭력' 추방해야
심판은 눈 뜬 장님?
'응원과 폭력' 위험한 줄타기

1) 위의 기사 제목은 무슨 뜻입니까?

2) 기사 제목을 보고 어떤 상황이 발생했었는지 추측해서 이야기해 봅시다.

대화

CD1:24~25

제임스 어제 올림픽 개막 행사는 정말 성대하고 화려하더라. 각국 대표단이 깃발을 휘날리며 입장하는 장면도 아주 멋졌는데, 너 봤어?

영수 물론 봤지. 내가 얼마나 손꼽아 기다려 왔는데. 더군다나 전쟁 중이거나 분단된 나라들이 손에 손을 잡고 입장하는 모습은 너무 감격적이었어.

제임스 맞아. 하지만 개막식 후에 열린 축구 시합은 그전까지의 감동에 찬물을 끼얹는 꼴이었어. 선수들의 반칙도 그렇고, 심판 판정도 편파적인 탓에 도저히 경기를 지켜볼 수가 없더라고.

영수 누가 아니라니? 상대 팀의 반칙은 다 눈감아 주고 우리 팀에서 적극적으로 공격이라도 좀 할라치면 금세 심판들이 달려오니 원.

제임스 나도 어찌나 화가 나던지... 지난 대회 때하고는 영 대조적이야. 육상 결승전 때 아슬아슬하게 금메달을 차지한 선수가 비디오 판독 결과에 승복하여 은메달을 딴 선수에게 금메달을 양보했잖아.

영수 그랬었지. 그런데 2등을 했던 선수도 역시 금메달을 양보하면서 시상대에서까지도 서로 윗자리로 미는 모습은 정말 흐뭇했어. 그런 둘의 모습에 관중들이 모두 기립박수를 보냈고.

제임스 그게 바로 진정한 스포츠 정신이랄 수 있지. 최선을 다해 정정당당히 경쟁하고 결과를 받아들이는 거며, 그런 모습에 아낌없이 박수를 보내는 관중들의 모습 전부가 말이야.

영수 네 말이 맞다. 이번 올림픽의 구호가 '하나 되는 우리'이니 만큼 화합과 평화를 기대하면서 앞으로 남은 경기를 지켜보자고.

01 위 대화의 내용에 맞는 것을 고르십시오.

❶ 올림픽 개막 행사가 매우 성대하고 감동적이었다.
❷ 두 사람은 개막전 축구 시합에서 졌기 때문에 실망했다.
❸ 지난 올림픽 때 선수들의 반칙 때문에 화가 났었다.
❹ 두 사람은 올림픽 폐막식을 보면서 아쉬워하고 있다.

성대하다 손꼽아 기다리다 찬물을 끼얹다 꼴 편파적이다 대조적이다 판독 승복하다 기립박수

02 대화에 나타나 있는 진정한 스포츠 정신이란 무엇입니까?

03 스포츠와 관련된 감동적인 이야기나 반칙 또는 부정 사례에 대해서 이야기해 봅시다.

[보기] 1960년 로마올림픽 때 미국의 윌마 루돌프는 어릴 적부터 앓았던 소아마비를 극복하고
육상 100m, 200m, 400m를 석권했대요. 그 의지가 정말 대단하지 않아요?

어휘 스포츠 정신 •

01 다음 표현을 익히고 질문에 답하십시오.

(가)	(나)
개막식	
폐막식	화합
개최하다	반칙
구호	공명정대하다
종목	정정당당하다
순위	승복하다
세계신기록	판정
메달을 따다	편파적이다
N관왕을 차지하다	

1) (가)에서 알맞은 표현을 찾아 빈 칸을 채우십시오.

일정 기간 동안 계속되는 행사를 시작할 때 행하는 의식		올림픽 때는 각국의 선수들이 국기를 들고 입장한다.
시위나 운동 경기 등에서 어떤 주장을 간결한 형식으로 표현한 문구		지난 올림픽 때는 '하나의 세계, 하나의 꿈'이었다.
여러 가지 종류에 따라 나눈 항목		올림픽 경기에는 육상, 수영, 체조, 역도, 권투, 레슬링 등이 있다.
차례나 순서를 나타내는 위치나 지위		올림픽 때 한국에서는 금메달의 개수로 결정한다.
주로 운동 경기 등에서 세운 세계 최고의 기록		4년 만에 마라톤에서 에티오피아 선수가 이것을 깼다.

2) (나)에서 알맞은 단어를 찾아 빈 칸을 채우십시오.

❶ 스포츠 경기에서 심판의 (   )에는 어떤 경우라도 (   )해야 합니다.

❷ 하지만 그 만큼 심판도 역시 어떤 팀에게도 (   )해야 한다고 생각합니다.

❸ 올림픽은 메달 따기 전쟁이 아니라 스포츠를 통한 전 세계의 평화와 (   )을/를 도모하는 데에 개최 목적이 있어야 할 것이다.

❹ 이번 동계 올림픽에서 김 선수가 세계신기록을 세울 것이라고 모두가 확신했었는데 다른 선수의 (   )으로/로 좌절돼서 아쉬움이 남는다.

02 다음은 역대 올림픽의 구호들입니다. 여러분의 나라에서 올림픽이 열린다면 어떤 구호를 만들고 싶은지 생각해 보십시오.

> 1896, 제1회 아테네 올림픽– 인류 평화의 제전
> 1988, 제24회 서울 올림픽– 인류에 평화를, 민족에 영광을
> 1992, 제25회 바르셀로나 올림픽– 영원한 친구들
> 1996, 제26회 아틀랜타 올림픽– 안전 올림픽

문법

01 다음을 읽고 문법 및 표현을 익혀 봅시다.

어릴 적부터 운동의 '운'자도 모르던 내가 친구따라 강남간다고 얼떨결에 농구 동아리에 가입하고 코트를 뛰어다닌 지가 벌써 일 년이다. 워낙 운동을 안 해 왔던 터라 처음 몇 주 동안에는 말도 못하게 고생을 했었다. 평소 안 쓰던 근육을 무리하게 **움직인 탓에** 팔 다리 허리 목 등 온몸 구석구석이 안 아픈 곳이 없었다. 우리 팀 선수에게 **패스라도 할라치면** 여기저기서 상대 팀이 무섭게 달려드는 통에 나는 정신없이 뛰어다니기만 했었다. 하지만 이제 1년여가 지난 지금은 어느 정도 개인기도 생겼고 눈속임도 할 수 있는 정도가 되었다. 다음 달에 있을 길거리 농구 대회에 참가하기 위해 오늘도 나는 친구들과 함께 코트를 누빈다.

-는/은/ㄴ 탓에

1) 다음을 연결하고 보기와 같이 이야기해 보십시오.

[보기] 부상을 당했다　　●　　　　　●　아직 김치도 못 먹어 봤다

날씨가 건조하고 쌀쌀하다　●　　　　●　요즘 생활비가 없어 고생한다

매운 음식을 못 먹는다　　●　　　　　●　이번 경기에 출전하지 못했다

한국문화를 잘 모른다.　　●　　　　　●　화재가 많이 발생한다

돈을 낭비해서 썼다　　　●　　　　　●　실수를 많이 한다

[보기] 부상을 당한 탓에 이번 경기에 출전하지 못했다.

이라도/라도 −을라치면/ㄹ라치면

2) 다음을 연결하고 보기와 같이 이야기해 보십시오.

의도	결과
[보기] (모처럼)시합 전에 모두 모여 연습을 하려고 한다.	꼭 몇 사람이 빠져서 연습을 할 수 없게 된다.
❶ (잠시)거리에 주차를 하려고 한다.	
❷ (모처럼)술 한 잔 마시려고 한다.	
❸ (오랜만에)공부를 하려고 한다.	
❹ (모처럼)데이트를 하려고 한다.	

[보기] 모처럼 시합 전에 모두 모여 연습이라도 할라치면 꼭 몇 사람이 빠져서 방해가 되곤 해요.

02 위의 두 표현을 사용해서 의도와 다른 결과가 발생했던 경험을 이야기해 봅시다.

[보기] 저는 평소에 운동을 거의 하지 않는데, 어쩌다가 큰마음 먹고 조깅이라도 할라치면 뭔가 일이 생겨서 그냥 집으로 돌아오게 돼요. 또 만약 조깅을 하게 되어도 갑자기 무리를 한 탓에 몸이 여기저기 아파서 며칠 고생을 하고요.

다음을 읽고 질문에 답하십시오.

[신문 사설] 올림픽에서의 메달

　미국의 한 사이트를 살펴보다가 내가 알고 있는 올림픽에서의 국가 순위와 이곳 사이트에서 공개한 순위가 다른 것을 보게 되었다. 각각의 메달의 숫자는 같은데 순위가 왜 다르게 나왔을까 하여 살펴보니, 순위 산출 방식이 우리나라와 달랐다. 우리나라는 금메달 수가 많으면 은메달 수와 관련 없이 순위가 오르는 금메달 위주의 방식이었고, 미국은 전체 메달수로 순위를 매기고 있었다.

　일반적으로 올림픽 메달 순위를 산정하는 방법은 IOC식과 미국식이 있다. IOC식은 금메달 순서로 순위를 매기고 동수일 경우에 은메달과 동메달의 수를 따져서 순위를 매긴다. 미국식은 메달 색에 관계없이 전체 메달 수를 기준으로 순위를 매긴다.

　전자의 경우 금메달에 비중을 둠으로써 선수들의 메달 의욕을 증진시키는 효과가 있는 반면 일등 지상주의를 낳는다는 비난을 받는다. 게다가 소수 종목에서 집중적으로 금메달을 딴 나라가 다양한 종목에서 고루 메달을 획득한 나라보다 순위가 높게 책정되는 폐단이 있다. 후자의 경우 메달수로 하기 때문에 1등을 위해 금메달 획득자가 흘린 땀을 제대로 반영하지 못한다. 게다가 이는 다양한 종목을 육성하고 선수를 파견할 수 있는 강대국한테 유리한 조건이다.

　최근 어느 나라에서 메달 수를 인구수로 나눠서 인구 당 메달 수로 순위를 매기는 방법을 시도했다. 당시 호주와 헝가리 등이 상위권을 형성했고 우리나라는 20위권으로 밀려났다. 엉뚱한 듯 보이지만 일리 있는 방식이다. 어떤 국가든 1위를 할 수 있는 기회를 주는 것이 올림픽 정신에 부합하는 것 아닌가. 그렇지만 현실적으로 이 방식은 여러 모로 가능하지 않다는 것은 인정한다.

　그런데 상식적으로 가장 이상적으로 보이는 방식이 있다. 개인적으로 금메달은 3점, 은메달은 2점, 동메달은 1점으로 환산해서 포인트제로 순위를 산정하는 방식이 어떤가 한다. 이 방식은 금메달에 가중치를 주면서 은메달과 동메달에도 가치를 부여할 수 있다. 금메달에 지나치게 절대적인 가치를 부여하고 있는 IOC식과 메달간의 차이를 없앰으로써 금메달에 대한 의지를 꺾어 버리는 미국식의 단점을 보완할 수 있다.

　더 나아가 올림픽의 순수한 정신을 되새겨 보아야 할 듯싶다. 공식적으로 올림픽에서 순위를 매기는 제도는 없으며, 그건 단지 각국의 언론사들이 만들어낸 것일 뿐이다. '올림픽의 아버지' 쿠베르탱은 1896년 아테네 올림픽에서 이렇게 말했다. "올림픽에서 중요한 것은 메달이 아니라 자국의 명예를 가슴에 품고 달리는 선수들의 땀방울이다." 우리도 이제는 금메달 지상주의를 바꿔야 할 때가 된 것이 아닐까? 메달에 상관없이 노력해 왔던 모든 선수에게 박수를 쳐 주자.

01 이 글의 주장은 무엇입니까?

❶ 올림픽 정신이 사라진 현대 올림픽은 폐지되어야 한다.

❷ 올림픽에서 순위를 매기는 제도를 없애야 한다.

❸ 메달에 상관없이 모든 선수들에게 격려와 힘을 주어야 한다.

❹ 금, 은, 동메달을 구별하지 말고 하나의 메달로 만들자.

02 이 글에서 제시한 올림픽 메달 순위 산출 방식을 다음 표에 정리해 보십시오.

유형	방법
IOC식	금메달 순서로 순위를 매기고 동수일 경우에 은메달과 동메달의 수를 따져서 순위를 매기는 방법
미국식	
인구수로 나누기	메달 수를 인구수로 나눠서 인구 당 메달 수로 순위를 매기는 방법
점수 포인트제	

03 이 글의 내용에 맞는 것을 고르십시오.

❶ 미국식 방식은 일등지상주의를 낳는 단점이 있다.

❷ 이 글을 쓴 사람은 점수 포인트제 방식을 제안하고 있다.

❸ 근대 올림픽의 창시자 쿠베르탱은 금메달에 가치를 두고 있다.

❹ 한국은 금, 은, 동에 상관없이 전체 메달 수로 순위를 매긴다.

04 여러분은 올림픽의 메달 순위 산정 방식에 대해서 어떻게 생각합니까? 이야기해 보십시오.

과제 2 발표하기 (마무리)

기능표현 익히기

〈결론 말하기〉

- 지금까지 저는 씨름의 종류**에 대해서** 살펴보았습니다./ 알아보았습니다.

- **결론을 말씀드리겠습니다./결론적으로 말하면** 정부의 노력이 필요하다**는 것입니다.**

〈요약하기〉

- **이상의 내용을 요약하자면/이상에서 살펴본 바와 같이/요컨대** 씨름의 역사는 인류의 역사와 함께 시작되었다고 할 수 있습니다.

〈제안하기〉

- 그래서 저는 씨름의 현대화 방안을 **제안하고 싶습니다.**

〈마무리하기〉

- **이상으로/이것으로 제 발표를 마치겠습니다.**

〈질문 유도하기와 질문에 대답하기〉

- **혹시 질문 있으십니까?/혹시 질문이나 의견 있으시면** 말씀해 주십시오.

- **죄송하지만 다시 한 번 말씀해 주시겠습니까?**

- 영수 씨의 말씀은 씨름의 종류에 대하여 예를 들어달라는 **말씀이시지요?**

〈인사하기〉

- **지금까지 제 발표를 들어주셔서 감사합니다.**

다음은 발표문의 마무리 부분입니다. 읽고 질문에 답하십시오.

한국 씨름에 대하여

〈서두〉, 〈본문〉생략

(가) 지금까지 저는 한국의 씨름에 대하여 살펴보았습니다. 구체적으로는 씨름의 역사와 종류, 방법과 규칙, 씨름 경기의 변천과 근대화 과정의 흐름을 기술하였고, 나아가 현대 씨름의 쇠퇴 원인과 대중화를 위한 바람직한 방안에 대해서도 논해 보았습니다.

(나) 이상의 주요 내용을 간단히 요약하자면 씨름은 4,600여 년 전에 격투기의 일종으로 인류의 역사와 함께 시작되었고 한국에서는 고구려 태조왕(서기 53~146년) 때에 행한 것이 기록에 남아 있습니다. 씨름의 종류로는 지역별로 구분할 수 있었는데, 과거의 왼씨름, 오른씨름, 띠씨름이 현재에는 왼씨름으로 통일되었으며 그 외의 지역별 특징이 남아 있습니다. 씨름은 고구려 시대 이후 근대와 일제 치하의 씨름, 해방 이후부터 프로 민속씨름의 태동, 1983년 이후부터 현대에 이르기까지 한국 고유의 국민 스포츠로서 자리를 잡아왔으나, 서구의 다양한 스포츠의 유입으로 현대에 와서는 민족의 스포츠로서 위상을 상실하게 된 배경을 갖고 있습니다. 그러나 한국씨름연맹의 노력으로 국제 스포츠로서 발돋움하려는 적극적인 시도가 계속되어 한국 전통 씨름의 맥은 끊어지지 않을 것입니다.

(다) 저는 씨름이 국제화도 되어야 하지만 한국 고유의 특징을 잃어버리지 않도록 주의해야 한다고 생각합니다. 그리고 이를 위해서는 무엇보다도 한국정부가 씨름에 적극적인 보조와 지원을 아끼지 말아야 하며 국민들도 애정과 관심을 가져야 한다는 것을 강조하고 싶습니다.

(라) 그럼 이상으로 제 발표를 마치겠습니다.

(마) 혹시 질문이나 의견 있으시면 말씀해 주십시오.

(바) 지금까지 제 발표를 들어주셔서 감사합니다.

01 위 글에서 결론을 말하는 부분은 어느 곳입니까?

02 위 글에서 요약하는 부분은 어느 곳입니까?

02 다음은 발표문의 마무리 부분에서 주로 쓰이는 기능 표현들입니다. 각각의 기능이 나타난 단락을 찾고 문장을 써 보십시오.

기능	단락	문장
결론 말하기	(가)	
요약하기		이상의 주요 내용을 간단히 요약하자면~끊어지지 않을 것입니다.
제안하기	(다)	그리고 이를 위해서는 무엇보다도 한국정부가 씨름에 적극적으로 보조와 지원을 아끼지 말아야 하며 국민들도 애정과 관심을 가져야 함을 제안하고 싶습니다.
마무리하기		
질문 유도하기와 질문에 대답하기		
인사하기	(바)	

04 한국과 관련된 것에 대해서 조사하여 발표하려고 합니다. 다음의 표를 채우고 빈 칸에 마무리의 내용을 생각해 보십시오.

> 주제의 예 – 한국 음식
>   한국의 전통의상(한복)
>   한국의 전통스포츠
>   한국의 교육
>   한국 드라마와 영화의 특징 등

발표 제목	
결론 말하기	
요약하기	
제안하기	
마무리하기	
질문 유도하기와 질문에 대답하기	
인사하기	

05 위의 표를 바탕으로 발표해 보십시오.

03 정리해 봅시다

I. 어휘

01 다음 문장의 밑줄 친 부분을 보기와 같이 바꾸십시오

대조적이다	티를 내다	기립박수를 보내다	안간힘을 쓰다
성대하다	손꼽아 기다리다	제패하다	재현하다

어제는 <u>기다리고 기다리던</u> 회장님배 사내 농구 시합이 있었다. 같은 부서 동료들로 결성된 우리
([보기] **손꼽아 기다리던**)

팀은 근무 시간 후 틈틈이 모여 연습해 왔다. 출전 팀도 여덟 팀이나 되었고 화려한 깃발을 든 응

원단도 입장하여 <u>큰 행사처럼 웅장하고 볼 만했다</u>. 제비뽑기 결과 우리 팀은 처음부터 제일 강한
(   )

팀과 맞붙게 되었다. 그 팀은 전직 농구선수가 있어서 취미로 공을 만져온 우리와는 <u>영 딴판이었다</u>.
(   )

우리 팀은 승리를 위해 <u>젖 먹던 힘까지 다해서</u> 뛰었고, 의외로 상대팀에서 한 명이 퇴장당한 덕
(   )

분에 결국 우리 팀이 이기게 되었다. 시합 후 응원단은 모두 <u>자리에서 일어나 박수를 쳤고</u>, 우리
(   )

는 응원을 해 준 응원단에게 절을 했다.

02 다음의 표현을 사용하여 대화를 완성하십시오.

반칙	판정	근력	지구력	탄성	통기성
폐활량	경기력	강도	전신운동	유산소운동	
세계신기록	승복하다	정정당당하다	편파적이다	메달을 따다	

[보기] 가: 나는 요즘 들어 더 몸이 둔해지고 살이 찌는 것 같아. 팔다리에도 힘이 없고 조금
만 일해도 힘이 들어. 어떤 운동을 하면 좋을까?

나: 글쎄, 달리기 같은 유산소운동을 하는 게 어떨까? 날마다 꾸준히 하면 팔다리의 근력도
길러지고 몸도 가벼워질거야.

1) 가: 최근 스포츠 과학이 화제가 되고 있잖아. 최첨단 스포츠 용품이 뭐가 있는지 알고 있니?

나: _____

_____

2) 가: 너는 올림픽 종목 중에서 어느 종목이 가장 기대가 되고 재미있어?

나: _____

_____

3) 가: 지난 번 올림픽 때 어떤 경기가 인상적이었어?

나: _____

_____

4) 가: 승리를 위해서라면 반칙도 적당히 할 수 있지 뭐. 안 그래?

나: _____

_____

5) 가: 상대 팀 선수가 반칙하는 건 봐 주고, 내가 몸싸움을 좀 하려 하면 반칙이라고 하니 정말
화가 나. 아무리 심판 판정이라도 따르고 싶지가 않아.

나: _____

_____

II. 문법

다음 상황을 읽고 대화를 완성하십시오.

| –는/은/ㄴ 셈치고 | –으련만/련만 | –는/은 탓에 | 이라도 –을라치면 |

영수　3년차 직장인이고 결혼해서 2살 된 아이가 있는 가장이다. 대학교 전공이나 적성과는 무관한 직장에 들어와 아직도 직장생활의 의미나 애정을 느끼지 못하고 있다. 체질적으로 술을 잘 못 마시는데 영업상의 술자리도 많고 회식도 잦은 편이라 몸도 안 좋아지고 지각과 결근을 하게 되어 상사로부터 꾸중도 자주 듣는다. 요즘 회사를 그만둘까 심각하게 고민 중이지만 자신만 바라보고 있는 가족들 생각을 하면 사표를 쓰려다가도 그만 포기하고 만다.

정민　대학 졸업 후 5년째 사법고시 준비 중이다. 1차 시험에는 붙지만 계속 2차에서 떨어지고 있다. 아직 부모님과 함께 살고 있으며 미혼이다. 될 때까지 고시 준비를 하고 싶으나 부모님은 그만 포기하고 평범한 회사에 들어가서 빨리 결혼하라고 재촉이 심하다. 고시 공부 외에는 영어나 컴퓨터 등의 공부도 하지 않았고 여자나 결혼에 대한 관심도 없기 때문에 당장 고시를 포기하고 입사시험 준비를 할 수도 없고 맞선조차 보고 싶은 생각이 없다.

영수　난 네가 부럽다. 아직 혼자 몸이고 또 하고 싶은 공부를 하고 있으니 말이야.

정민　무슨 말이야. [보기] **시험에서 계속 떨어지는 탓에 집에서는 그만 포기하라고 야단이야.** 차라리 나도 대학 졸업하고 너처럼 취직이나 할 걸 그랬어. 넌 어때? 회사 생활하니까 마음 편하고 좋지?

영수　좋기는. ....

....

정민　그럼 회사를 옮기거나 그만두는 건 어때?

영수　..

....

넌 어떻게 할 거야? 고시 준비 계속할 거야? 아님 취직할 거야?

정민　글쎄. ....

....

Ⅲ. 과제

01 다음은 이색 스포츠입니다. 이 스포츠의 경기방법과 규칙에 대해서 이야기해 봅시다.

스키장 골프

수중 펜싱

겨울철 북극곰 수영대회

체스복싱

야마카시

참치던지기대회

02 여러분이 알고 있는 이색 스포츠를 소개해 보십시오. 그리고 재미있는 스포츠를 상상해서 이야기해 보십시오.

> [보기] 하이힐 신고 100미터 달리기
> 여성 베개 격투기
> 맥주 캔/우유병 보트 대회
> 물속에서 축구하기

한국의 무술 '택견'

택견은 정조 연간(1777-1800년)에 간행된 『제물보』에 '탁견'으로 나와 있고 태종실록, 세종실록에서는 택견을 통해 군사를 뽑은 기록이 전한다. 택견은 역사성과 예술성을 인정받아 1983년 6월 1일 중요무형문화재 제76호로 지정되었다. 택견은 맨손으로 하는 격투기로서 민속놀이로 행해졌으며 서울 일원에서는 편을 짜서 승부를 겨루는 단체 놀이로 유행하기도 하였다.

택견은 우리 민족이 형성해 온 전통적 가치관 위에서 성장한 무술로서 다른 종류의 격투기에서 찾아볼 수 없는 독특한 구조를 가지고 있다. 택견 경기에는 상대방이 공격하기 쉬운 위치에 한쪽 발을 내어 주는 대접의 규칙이 있는데 공정과 형평에 대한 스스로의 의지를 굳게 하고 적극적인 투쟁 심리를 갖게 한다. 공격자가 발 모서리나 주먹 같은 강한 신체 부위를 사용하지 않고 장심, 발바닥같이 부드러운 부분으로 공격한다든지 상대방의 급소를 피하고 대신 이마, 장딴지, 어깨 등과 같이 비교적 위험성이 적은 곳을 공격 목표로 삼는 등은 상대방에 대한 배려가 승부에 우선한다는 의식을 보여 준다. 택견 경기의 승부는 상대방을 넘어뜨리는 것으로 결정되지만 얼굴을 발로 차도 이기게 되어 있어서 고난도 발 기술의 묘미를 즐길 수 있다. 그리고 상대의 높이 찬 발을 손으로 잡아 넘길 수 있게 하여 함부로 얼굴을 공격할 수 없도록 견제하고 있어서 다양하고 종합적인 기술 구사가 가능하다.

씨름과 태권도의 혼합된 형태라고 할 수 있는 택견에는 유희성이 짙게 나타나고 있

는데 이것은 대중 스포츠의 중요한 요소이기도 하다. 택견 경기는 대접 규칙으로 인하여 견제거리가 배제된 근접 거리에서 경기를 하게끔 되어 있어서 긴박하고 경쾌한 경기 진행과 아울러 경기 시간의 단축 효과를 얻을 수 있다. 격투 경기는 관중에게 구경거리를 제공해야 하고 또한 그것이 도덕

성을 가지고 있어야 한다. 따라서 경기의 진행을 위해서나 관중의 흥미를 유발시키기 위해서는 승부에 소요되는 시간이 합리적으로 제한되어야 하고 공방 기술이 지루하게 전개되지 않도록 유도되어야 한다.

1. 택견의 특징은 무엇입니까?

2. 택견을 통해서 알 수 있는 한국인의 사고방식에 대해서 이야기해 봅시다.

3. 여러분 나라의 전통 무술과 특징을 소개해 보십시오.

문법 설명

01 –는/은/ㄴ 셈치고

관형형 뒤에 붙어서 앞의 동작이나 사실 등을 한다고 가정을 하고 뒤의 행동을 함을 나타낸다.

- 사람 살려주는 셈치고 한번 도와주세요.
- 속는 셈치고 그냥 사자.
- 그냥 밥 먹은 셈치고 일이나 하자.
- 아무 일도 없었던 셈치고 용서해 줄게.

02 –으련만/련만

어떤 조건이 충족되면 이러이러한 결과가 기대되는데, 아쉽게도 그 조건이 충족되지 못하여 기대하는 결과도 이루어질 수 없음을 나타낸다. 간혹 '조건'은 생략되기도 하며 '겠건만'보다 옛 표현이다.

- 비가 안 오면 당장 가련만 비가 내리니 내일 가자.
- 바람만 없으면 날씨가 제법 포근하련만 바람이 부는구나.
- 돈이라도 있으면 장사라도 하련만 밑천이 없어 엄두도 못 낸다.
- 솔직히 말했으면 좋았으련만 거짓말을 해서 일이 커졌다.

03 –는/은 탓에

주로 부정적인 까닭이나 원인으로 주로 부정적인 결과가 생겨남을 나타낸다.

- 계속 불규칙적인 식사를 한 탓에 위장병이 생겼다.
- 영수는 성격이 급한 탓에 주변 사람들과 충돌이 자주 생긴다.
- 어제 술을 지나치게 많이 마신 탓에 오늘 출근을 못하고 말았다.
- 요즘 일교차가 큰 탓에 감기 환자가 급증하고 있다.

04 −이라도/라도 −을라치면/ㄹ라치면

과거에 경험한 사실을 조건으로 삼을 때 으레 뒤의 상황이 일어남을 나타낸다. 즉 무슨 일을 하려고 생각하거나 의도할 때 뒤의 상황이 일어나 그 생각대로 할 수 없음을 나타낸다. '−으려고 하면'의 뜻으로 주로 입말에 쓰인다.

- 피곤해서 잠시 낮잠이라도 잘라치면 아기가 깨서 운다.
- 오랜만에 도서관에 가서 공부라도 할라치면 빈 자리가 없어 나오고 만다.
- 가족사진이라도 찍을라치면 꼭 한 사람이 참석하지 못해 미루고 있다.
- 잠깐 밖에 나가 산책이라도 할라치면 날씨가 나빠져 곧 돌아온 적이 한두 번이 아니다.

듣기 지문

1과 2항 과제 1 [CD1:05]

먼저 청소년들의 개괄적인 인생관을 알아보기 위한 질문으로 인생을 살아가는 데 가장 중요한 것이 무엇이냐고 물었습니다. 이에 청소년들의 절반이상인 50.2%가 '가족'이라고 응답했습니다. 다음으로는 건강 20.4%, 돈 12.3%, 친구 8.7%, 종교 2.7%, 학력 1.5% 등이 중요하다고 응답했습니다. 또한 지금의 삶에 대해 행복한가라는 질문에는 긍정적인 응답이 66.4%로 부정적인 응답 33.6%보다 높게 나타났습니다. 향후 직업 선택 시 중요하게 고려하는 것은 능력발휘 33.2%, 적성 32.8%로 능력발휘와 적성을 가장 중요하게 보았으며, 그 외에 경제적 수입, 직업의 장래성 등의 순이었습니다.

다음은 청소년들의 결혼관과 가족관에 대한 질문이었는데 청소년들은 4명중 1명꼴로 결혼을 반드시 해야 하는 것으로 생각하지 않았으며, 배우자 선택 시 58.3%가 성격을 가장 중요하게 생각한다고 응답했고, 다음으로 경제력, 외모, 직업 등을 꼽았습니다. 결혼 후 자녀는 평균 2.09명을 희망했고, 딸을 선호한다는 응답이 33.5%로 19.4%의 아들을 선호한다는 응답보다 높았습니다. 한편 결혼 후 부모님을 모시고 사는 것에 대해서는 66.8%가 긍정적으로 응답했습니다.

청소년들의 사회·국가관에 대해서는 79.1%의 청소년이 우리사회가 공정하지 못하다고 보고 있었으며 대통령 선거에 대해서는 54.9%가 관심이 없다고 응답했습니다. 존경하는 인물에 대한 질문에는 1,592명이 '부모님'을 가장 존경한다고 응답했고, 세종대왕, 이순신, 빌게이츠, 선생님, 헬렌켈러, 유관순 등이 뒤를 이었습니다. 역대 대통령 중에 존경하는 인물이 없다는 응답이 65.8%였으며, '있다'고 응답한 경우에는 김대중 대통령이 18.3% 박정희 대통령이 1.4%였습니다. 국가관과 관련해서는 '이 나라에 태어난 것이 자랑스럽다'는 긍정적 응답이 68.5%였으나, '나라가 위급하면 무엇이든 하겠는가'라는 질문에는 39.4%만이 긍정적으로 응답했습니다. 또한 '나라의 발전이 곧 나의 발전인가'라는 질문에는 51.1%가 긍정적으로 응답하고 있어, 청소년의 국가관에서 개인 지향적인 성향을 읽을 수 있었습니다.

마지막으로 청소년들의 통일관 및 다문화의식에 대한 조사를 실시했습니다. 먼저 '통일의 필요성'과 '통일가능성'에 대해서는 65.9%와 58.1%로 긍정적인 응답이 많았으며, 북한에 대해서는 76.9%가 북한을 '협력대상'으로 브고 있었으나 믿을 수 '없다'는 응답이 71.6%로 나타났습니다. 대한민국이 단일민족이라고 생각하는지에 대해 전체 응답자의 52.6%만이 단일민족이라고 응답, 혈통중심의 단일민족의식이 청소년층에서 약화되고 있다는 것을 알 수 있었습니다. 청소년의 다문화의식과 관련해서는 다문화라는 용어를 들어본 적이 '있다'는 응답이 56.3%로 '없다'보다 다소 높았으며, 우리사회가 다문화사회가 되는 것이 국가발전에 도움이 된다는 '긍정적 응답'이 67.7%로 부정적 응답보다 높게 나타났습니다.

2과 1항 과제 1 [CD1:08]

경상남도 부산시 주민들이 혐오시설로 기피대상이 되어 온 쓰레기 소각장 유치를 놓고 치열한 경쟁을 벌여 관심을 모으고 있습니다. 부산시는 하루 100톤 처리 규모의 소각장 건립을 위해 지난 5월부터 후보지를 공개 모집한 결과, 현재까지 17개 지역이 신청서를 제출했다고 7일 밝혔습니다. 이 같은 현상은 IMF외환위기 이후 지방 자치 단체의 재정 상태가 악화되어 지역의 여러 사업 해결이 어려워진 상황에서 도가 상당히 유리한 조건을 제시했기 때문인 것으로 보입니다.

경상남도는 쓰레기 소각장 유치지역에 대해 환경영향평가를 실시한 뒤, 정도에 따라 해당 지역 주민에게 10억 원 상당을 현금으로 보상하고 주민들을 소각장 경비원으로 채용한다는 조건을 제시하고 있습니다. 또 유치 지역에 도로 개설과 주민회관 설치 등 지역개발 사업비로 해마다 5억 원씩 10년간 50억 원을 지원하는 한편 소각로의 열을 이용한 42도의 온수를 가정에 무료로 공급하는 등 다양한 혜택도 줄 방침입니다.

지역 선택방법에 대해서는, 신청 지역 가운데 먼저 3개소를 선택한 뒤 선정위원회를 열어 후보지를 최종적으로 결정할 예정입니다. 이처럼 혐오시설 후보지를 공개적으로 뽑는 방식은 지역이기주의 현상 등으로 혐오시설 건립에 어려움을 겪고 있는 다른 지방 자치 단체에 좋은 사례가 될 것으로 보입니다.

− 2000년 8월 10일 YBS뉴스 −

3과 2항 과제 1 [CD1:15]

여성의 사회 진출 확대와 전문직 여성의 증가 등의 영향으로 집에서 아이를 돌보거나 살림을 떠맡는 남성 '전업주부'가 급증하고 있습니다. 여성들이 고소득 전문직으로 활발하게 진출하는데다 질 좋은 일자리가 줄어들면서 남성이 돈을 벌어 오고 여성이 육아와 가사를 담당하던 가부장적 부부 관계가 깨지고 있는 것입니다.

통계청은 초등학교에 입학 전인 미취학 아동을 돌보는 것을 '육아'로 분류하고, 초등학교 이상인 자녀를 돌보며 집안일을 하는 것을 '가사'로 분류하고 있습니다.

통계청 자료에 따르면, 2006년 비경제활동인구 중 이러한 육아나 가사활동을 전담하는 남성은 모두 15만 천 명으로 집계됐습니다. 이는 육아나 가사활동을 하는 남성이 10만 6천 명이었던 2003년과 견줘 42.5%나 늘어난 것입니다. 반면 육아와 가사활동을 하는 여성은 지난해에 비해 1.1% 증가하는 데 그쳐 큰 변동이 없었습니다.

또 다른 통계청 자료를 보면, 여성 취업자 수는 3년 전에 비해 6.6% 늘어난 데 반해, 남성 취업자 수는 3년 동안 3.2% 증가하는 데 그쳤습니다. 그 뿐만 아니라 전문직 여성은 지난해 92만 명으로 3년 전보다 14만 명 정도 증가한 반면 전문직 남성은 같은 기간 약 10만 명만 늘어났습니다.

또한 여성이 고소득 풀타임 직장을 다니고 남성이 파트타임 직업을 가진 부부 중에 남성이 육아와 가사를 책임지는 경우가 많은 것으로 조사되었고 사회 전체의 일자리 감소와 전통적인 남녀 역할 변화, 여성 연상 커플의 증가 등으로 남자들의 가사노동이 늘어나고 있는 것으로 밝혀졌습니다.

4과 2항 과제 1 [CD1:20]

〈전반부〉

사회자 오늘 드디어 반세기 만에 남북의 열차 길이 뚫렸습니다. 이번 남북철도 시험 운행의 의미를 어떻게 보십니까? 이 장관님께서 이번 개통의 의미를 잠깐 설명해 주실까요? 어떻게 생각하시는지...

통일부장관 우선 우리가 남북의 분단을 생각할 때 늘 떠오르는 것이 녹슨 기관차였는데요. 이번에 드디어 경의선은 56년 만에, 그리고 동해선은 57년 만에 군사분계선을 넘었습니다. 이 사실은 대단히 중요한 의미가 있다고 봅니다. 한마디로 민족의 혈관이 다시 이어진 것이 아닌가, 이렇게 생각을 합니다.

사회자 박 의원님께서도 같은 생각이신지 궁금하네요. 의견을 말씀해 주시겠습니까?

박 의원(야당) 남북을 잇는 철도가 56년 만에 개통된 것에 대해서는 큰 역사적인 의미가 있다고 봅니다. 그렇지만 우리는 이것을 위해 상당히 많은 비용을 치렀습니다. 경의선하고 동해선을 합쳐보니까 한 53km정도 되는데 그동안 정부가 들인 돈이 약 5,400억 원 정도입니다. 또 추가로 2,400억 원을 지원하기도 했고요. 이번 행사는 일회성 행사인데 그렇다면 아마 1km 달리는 데 100억 원 이상이 쓰인 것입니다. 우리가 일회성 이벤트를 위해서 이런 막대한 돈을 북한에 제공해야 하는지 생각해 볼 여지가 있습니다. 만약에 우리가 다시 열차 시험 운행을 하자, 또 정기적으로 열차를 운행하자고 했을 때, 북한이 다시 물자를 요구한다든지, 또 다른 것을 요구하면 어떻게 할 것인가 이런 점이 커다란 문제점으로 지적됩니다.

〈후반부〉

통일부장관 남북 철도 개통은 한반도의 평화와 안정에 기여함은 물론 장기적으로는 막대한 경제적 가치를 가질 것이라고 확신합니다.

사회자 반론 있으십니까?

박 의원(야당) 정부는 북한에 다녀와서 여러 가지 청사진을 제시했는데 과연 그게 쉽게 이루어질 수 있는지 의심스럽습니다. 정부의 계획이 그대로 이루어진다면 북한을 개혁 개방으로 이끄는 지름길이 될 것이고, 우리의 통일도 그만큼 앞당겨지겠지요. 하지만 북한이 하나씩하나씩 할 때마다 모든 것에 조건을 걸고, 또 적지 않은 웃돈을 요구하고 있습니다. 이런 본질적인 부분들이 개선되지 않고서는 남북 간에 진정한 대화가 힘들다는 생각이 듭니다.

통일부장관   박 의원님의 말씀에 대해서 저는 두 가지 면에서 다른 의견을 가지고 있습니다. 첫째, 남북 대화는 사실상 긴 기간이 걸린다는 것입니다. 그러므로 단기간에 손해와 이익을 계산하는 태도는 바람직하지 않습니다. 이번 철도 행사만 하더라도 약 6년 7개월이 걸렸습니다. 남북 철도를 연결하기 위해 무려 61회의 당국 간 회담이 있었고 거의 200일 동안 서로 의논을 하면서 오늘에 이르게 된 겁니다. 기찻길이라는 것은 한번 열면 그 다음 단계는 훨씬 더 쉬워질 수 있는 것입니다. 한번 열지 못하면 그 다음 단계를 기대할 수가 없는 거죠. 두 번째는 비용 문제입니다. 이번에 총 5,400억 원 정도가 들어갔는데 이 가운데 3,600억 원 이상이 남쪽 지역에 철도를 놓는 데 경비가 들어간 것이고, 북쪽 지역에 들어간 것은 1,800억 원입니다. 그런데 이 1,800억 원도 우리가 그냥 준 것이 아니라 차관으로 제공한 것입니다. 그냥 무상 제공한 것은 결코 아닙니다.

박 의원(야당)   그게 나중에 받을 수 있을지는 두고 봐야 되겠습니다만 그동안 포용정책이라는 이름 아래 우리가 북한에 얼마나 갖다 줬는지 생각해 봐야 합니다. 적어도 10조 이상이 들어갔습니다. 물론 어느 정도 성과야 있었지만 투자한 비용에 비해 산출된 결과는 초라하기만 합니다. 그야말로 고비용 저효율 그 자체입니다. 이런 상태에서 북한에 대해서 퍼주기식 지원을 계속한다는 것은 다시 생각해 볼 여지가 있다고 봅니다.

통일부장관   한마디만 더 하겠습니다. 한국 경제에 있어서 가장 중요한 것은 한반도의 안보 위기를 관리하는 거라고 생각합니다. 2000년에 남북 정상 간 회담이 이루어지고 오늘 철도 임시개통이 이루어지기까지 지속된 평화와 안정의 분위기가 바로 한국 경제가 단계적으로 성장할 수 있는 기반이 됩니다. 또한 외국인들이 한국에 투자할 수 있는 바탕도 되고요. 아시다시피 우리 주식시장이 700조입니다. 1%만 달라져도 지금 말씀하신 10조에 가까운 7조의 국부 부가가치가 달라지는 거죠. 우리가 들인 돈의 경제적 가치는 장기적으로 봐야 합니다.

　　박 선수가 지난 올림픽 수영 종목에서 금메달을 목에 걸기까지는 스포츠과학도 큰 몫을 했다. 대표 팀 감독은 운동생리학을 전공한 박사와 함께 훈련의 전 과정에서 박 선수의 몸의 변화를 점검하는 스텝테스트를 실시했다. 200미터를 6분 주기로 7회 실시하고 각 회마다 맥박과 혈액을 채취했는데 횟수가 늘어날수록 운동량이 쌓이기 때문에 그동안 훈련을 제대로 해왔는지, 지구력은 얼마나 쌓였는지 알 수 있고 향후 훈련 방향도 잡을 수 있다. 특히 박사가 개발한 스피드 측정기를 통해 좌우 균형을 잡는데도 도움을 받았는데 낚싯줄처럼 가는 줄을 몸에 매달고 수영을 하면서 좌우 호흡시의 속도 변화를 측정해서 어느 쪽 균형이 흐트러졌는지를 파악했다고 한다. 여기에다가 후원사가 개발한 새 수영복도 기록 단축에 보탬이 됐는데 이 수영복은 미국항공우주국과 협력해 최첨단으로 만들어졌다. 물의 저항력을 최대한 줄여주고 부력을 향상시키며 근육을 잡아줘 물속에서 최대한 힘을 쓸 수 있도록 하는 것이 이 수영복의 효과다. 이 수영복이 출시되자마자 이를 입고 뛴 선수들이 줄줄이 세계신기록을 경신하자 일부 수영인들은 '기술적인 도핑'이라며 비아냥거리기도 했다.

　　여기서 간단하지 않은 문제가 제기된다. 스포츠는 단지 과학의 도움을 받는 것인가, 아니면 점점 더 과학에 의존해 가고 있는 것인가. 이런 질문에 맞서 단호하게 과학을, 아니 과학에의 의존을 거부한 선수가 있다. 1990년대 수영계를 지배한 러시아의 포포프이다. 전신 수영복이 올림픽에 본격적으로 등장한 시드니 대회 때 포포프는 전통적인 삼각 수영복을 고집했다. 그리고 그는 '전신 수영복에 의존하는 것은 정직한 스포츠맨십이 아니다'라고 일침을 가했다. 금메달은 놓쳤지만 그의 원칙과 소신은 금메달 이상의 인상을 남겼다. 지금도 전신 수영복을 '과학적인 약물 남용'이라고 비판하는 시각이 있다. 올림픽 도핑테스트는 약물 복용에 대해선 이 잡듯 철저하다. 신경안정제를 먹었다가 도핑테스트에 걸려 메달을 박탈당한 선수도 있는데 전신 수영복을 입고 기록을 단축하는 것은 문제가 없을까? 이제는 스포츠와 과학이 만나는 적정선에 대해서도 생각해 볼 때가 아닌가 한다.

색인 - 문법 색인
- 어휘 색인

문법 색인

어휘 색인